本を読むときに何が起きているのか

ことばとビジュアルの間、目と頭の間

ピーター・メンデルサンド

細谷由依子 訳

WHAT WE SEE WHEN WE READ
PETER MENDELSUND

FILM ART
フィルムアート社

What

We

See

When

We

Read

WHAT WE SEE WHEN WE READ

A PHENOMENOLOGY

WITH ILLUSTRATIONS

本を読む時に私たちが見ているもの
図解による現象学

CONTENTS

●凡例

・本文中における引用の日本語訳については、可能な限り既訳を参照した。ただし、当該箇所における本文の文脈に応じて、訳出の際、断りなく訳を変更している場合もある。

・原書に準拠したものは（　）を使用し、訳者による補足は［　］を使用した。

命題は現実の像である。
命題は我々が想像するような現実のモデルである。
——ルートヴィヒ・ウィトゲンシュタイン『論理哲学論考』[i]

わたしは、エルキュール・ポワロを一目見た時のことを、けっしていつまでも忘れないだろう。もちろん、その後は馴れっこになったが、でも、初対面の時はショックだった。(中略)
わたしは、どんな人だと想像していたのだろうか。(中略)もちろん、エルキュール・ポワロ氏が異国人であることは知っていたが、でもまさか、あれほど完全に異国的な人だとは、夢想もしなかった——もし、こんな言い方で、お判りいただけるなら。ポワロとは、会ったとたんに、思わずふき出したくなる人！ 正に彼は、ステージの上か、または絵の中から、忽然と現れた何かのようだった。
——アガサ・クリスティ『メソポタミア殺人事件』[ii]

文章とは、(中略)会話の別名に過ぎません。作法を心得た者が品のある人たちと同席した場合なら、何もかも一人でしゃべろうとする者はないように、——儀礼と教養の正しい限界を理解する作者なら、ひとりで何もかも考えるような差出がましいことは致しません。読者の悟性に呈しうる最も真実な敬意とは、考えるべき問題を仲よく折半して、作者のみならず読者のほうにも、想像を働かす余地を残しておくということなのです。
——ローレンス・スターン『トリストラム・シャンディ』[iii]

幻想は噂に高き程に　巧みに欺きはえず　偽りの精よ。
——ジョン・キーツ『夜鶯《やおう》によせるオード』[iv]

PICTURING “PICTURING”

「描くこと」を思い描く

リリー・ブリスコウのことから始めようと思う。

「細い吊り目におちょぼ口」[1]のリリー・ブリスコウはヴァージニア・ウルフの『灯台へ』の主要な登場人物だ。画家のリリーは、物語全編を通して、1枚の絵を描いている。それはラムジー夫人が窓辺に座り、息子のジェイムズに読み聞かせをしている絵である。リリーがイーゼルを芝生の上に置いて絵を描く間、さまざまな人物が、そのまわりを行き交う。

リリーは、慎重かつ繊細に絵筆を運んでいる時に邪魔が入り、集中力を削がれることを嫌う。ましてや絵について詮索されることなど耐えられない。

しかし可もなく不可もない親切なバンクス氏がふらりとやって来て、作品をまじまじと見つめ、ここに描かれた「紫色の三角形」は何を表現しようとしているのか、と尋ねる（その三角形はラムジー夫人と息子のジェイムズなのだが、「人間の姿だなんてだれにもわからない」[2]）。

> バンクスは考え込んだ。母と子は普遍的に崇敬の対象であるし、ここで描かれる母の美貌は有名だから、こんな紫の影にしてしまっても、失礼にはあたるまい、と。[3]

そんな影にされた、母と子。

＊＊＊

読者である私たちは、その絵（ヴァージニア・ウルフの小説内でリリーが描く絵）を見ることはできない。絵は語られているだけだ。

リリーが描いている「光景」を、私たちは読者として想像することを求められている（読者はその光景と、絵に描かれたその光景のどちらも想像することを求められている）。

＊＊＊

手がかりはリリーの描く絵——つまり描かれた物の形、絵の具のにじみ具合、陰影。この絵は、リリーの目の前で繰り広げられる情景の、リリーによる解釈である。

リリーがとらえようとしている光景を、読んでいる者は見ることはできない。

リリーの姿すら見ることができない。私の思考の中でリリーは、うっすらと知覚できるヒエログリフでしかない。

描かれる光景とその中にあるものたちはぼんやりとしている。

不思議ではないか、絵になるとより鮮明に見えるとは。

＊＊＊

FICTIONS

フィクション

「本の世界から次々と出でて、彼の頭を占拠する無秩序な概念たち」
——《書斎のドン・キホーテ》

本を読む時に私たちは何を見ているか？

（ページに印刷された文字のほかに）

読む時に何を頭に思い描いているか？

「読書」と呼ばれる
物語がある。

私たちは皆、
その物語のことを
知っている。

それは、「心象」と
「**描写すること**」の
物語である。

読書の物語は、記憶された物語だ。私たちは読書する時、没頭する。没頭すればするほど、経験に対して分析的な思考を向けることが難しくなる。だから、読書の感想を語る時、私たちは「読んだ」記憶について話しているに過ぎない。*

そしてこの読書の記憶は正確ではない。

＊ウィリアム・ジェイムズは、意識を内省的に分析するのがいかに不可能か、「暗闇がどのようなものであるかを見ようとパッと明かりをつけてみるようなものである」と言っている。[4]

読書体験を思い出す時、
私たちは連続展開する
イメージ群を脳裏に見ているのだ。

たとえば、トルストイの小説
『アンナ・カレーニナ』を読んだことを思い出す。

「私はアンナを見た、アンナの家を見た……」

1

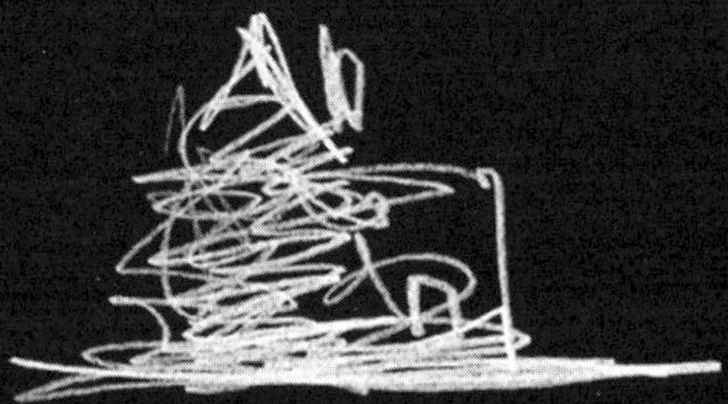

2

本を読む時に私たちが見ているもの

WE SEE
E READ!
ctures
RESERVED

たとえばあなたに「アンナ・カレーニナはどんな人ですか？」と訊くと、あなたはアンナは美しいと言うかもしれない。あなたがこの小説を丁寧に読んでいたら、「濃いまつげ」、ふくよかさ、または、口元の産毛（そう、生えているのだ）について触れるかもしれない。詩人で批評家のマシュー・アーノルドは「アンナの肩、豊かな髪、とろんとした目……」[5]に言及している。

それにしてもアンナ・カレーニナはどんな顔だろうか？　読者が登場人物に親しみを感じることがある（見事に描写された登場人物について「まるで昔から知っているようだ」と思うことがある）。しかし、このことが、その人物を実際に思い描いているというわけではない。そこまではっきりと、そこまで完全には。

＊＊＊

WANTED

トルストイの描写に基づいて描かれた警察の似顔絵ソフトによるアンナ・カレーニナ。(私が想像していたアンナの髪はもっときつい巻き毛で、もっと黒い……)

ほとんどの小説家は（意識的にも、無意識的にも）、登場人物の身体的特徴よりも、その行動について詳細に描く。身体的特徴の描写に優れた小説家だったとしても、それは読者にとって、身体のパーツと順不同に描写されるディテールを無秩序に組み立てたものを差し出されているのと変わらない（小説家は読者に**すべてを**伝えきることはできない）。読者自身が隙間を埋め、陰影をつけ、表面を塗り、削っていく。アンナの髪やふくよかさは、削って作られた多数の面のひとつに過ぎず、その人物の本来の姿を構成している要素ではないのだ。それらの特徴は、体型や髪の色を構成してはいるが、**アンナはどんな顔をしているのだろうか？**　私たちにはわからない。読者が頭の中で描くスケッチは、警察が描く似顔絵よりお粗末なのである。

視覚化をするには「視覚化しよう」という意志が必要だ。

……しかし時には、イメージらしきものが頭の中に勝手に思い浮かぶこともある。

（それは微かなもので、とらえようとするとスッと消えてしまう）

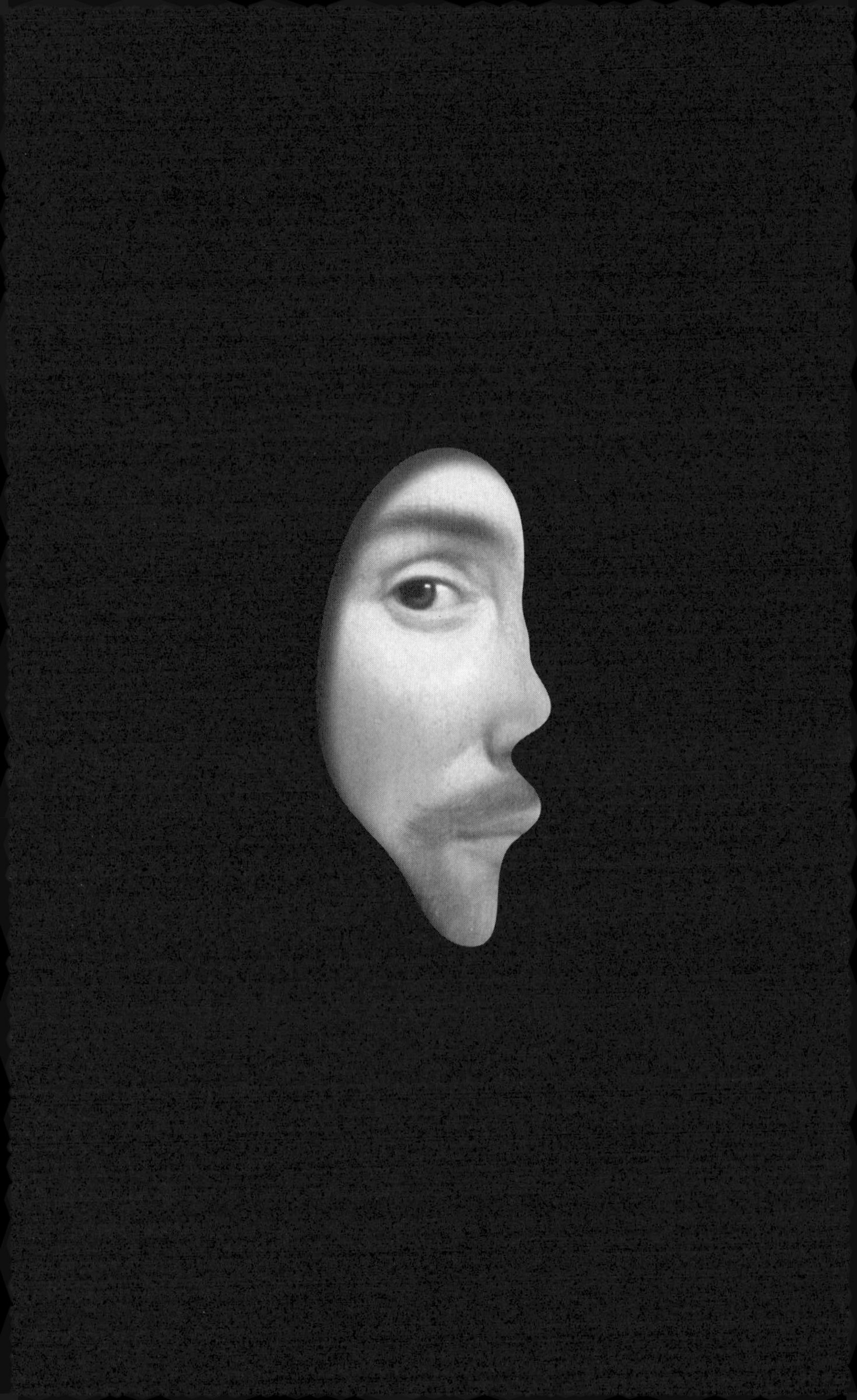

私は調査することがある。愛読書の中の登場人物をはっきりと想像できるかどうか、訊いてみるのだ。お気に入りの登場人物とは、ウィリアム・シェイクスピアの言葉を借りると「心の中に現われた」ものである。

彼らは、その小説が良い作品かそうでないかは、登場人物の想像上で信憑性があるかどうかにかかっていると主張する。さらには、主要な登場人物が簡単に視覚化できなければ小説を楽しめないとさえ言う読者もいる。

「頭の中でアンナ・カレーニナの顔を思い浮かべることができる？」と彼らに訊くと、

「ああ、まるで目の前に立っているかのようにね」
「アンナの鼻はどんな形？」
「それは考えたことなかったな。でも言われてみると、彼女の鼻はきっと……」
「ちょっと待って。私が訊く前はどんな顔を想像していたのさ？　鼻のない女？」
「いや……」
「眉毛は太い？　前髪はある？　体の重みはどの辺りで支えていると思う？　猫背？　笑い皺はある？」

(登場人物に関してそこまで書いている作家がいたら、とても退屈な作家に違いない) *

＊＊＊

＊トルストイはアンナのほっそりした手について繰り返し触れている。トルストイにとって、この象徴的な描写は何を意味するのだろうか？

読んでいる最中に限れば、登場人物を完璧に思い描くことはできるという人はいる。私にはどうも信じられないが、どちらにしろ、私たちが登場人物をぼんやりとしか描けないのは、人間の視覚的な記憶が、概してぼんやりとしたものだからなのだろうか？

＊＊＊

ひとつ思考の実験をしてみよう。まず母親を思い浮かべ、次にお気に入りの登場人物を思い浮かべる（もしくは、まず自分が育った家を思い浮かべ、次に『ハワーズ・エンド』〔E・M・フォスターの小説〕を思い浮かべる）。母親の残像と、本の中のお気に入りの登場人物の残像との違いは、集中して想像すればするほど、母親の顔の方がはっきりと浮かんでくることだ。文学作品の登場人物は、簡単に自分の顔を明らかにしてはくれない（思い浮かべようとすればするほど遠ざかる）。

（実際、これは良いことである。架空の人物に具体的な顔を当てはめようとしても、わかる顔にはならず別の顔になる。知人の誰かの顔になり*、**これはアンナじゃない！**と思うのだ）

＊最近、読書の最中にはっきりと、ある登場人物［キプリングの『園丁』の］、「離れ目」の上流階級の婦人を「見た」瞬間があった。その後、自分の想像をじっくりと吟味してみた結果、それが祖母の年とった友人の体に、同僚の顔をくっつけたものだったということに気づいた。その姿が**はっきり**した時、それは気持ちのよいものではなかった。

私は、気に入った小説の主要な登場人物の外見を言葉にしてみてほしいと頼むことがよくある。すると皆、その登場人物が空間をどう動くかを話しはじめる（フィクションの世界で起こることのほとんどがダンスの振り付けじみている）。

その中の1人は、ウィリアム・フォークナーの『響きと怒り』に登場するベンジー・コンプソンについて、「無様で、ぎくしゃくしている」という言葉で表現した。

しかし、その**外見**は？

＊＊＊

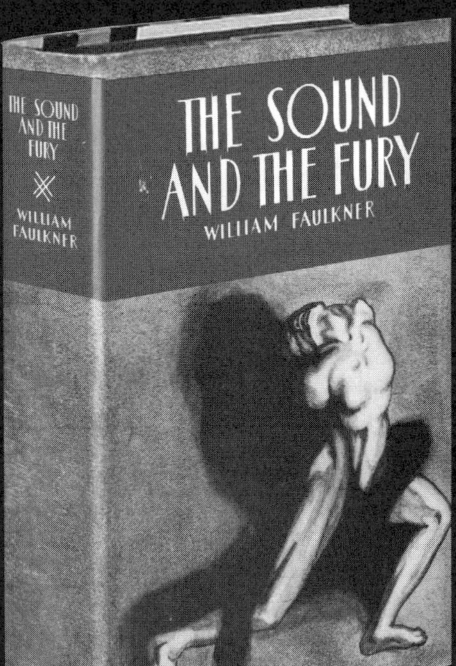
THE SOUND AND THE FURY
WILLIAM FAULKNER
THE SOUND AND THE FURY
WILLIAM FAULKNER
JONATHAN CAPE
HARRISON SMITH

小説の登場人物の外見はぼんやりとしたものだ。特徴は少なく、その特徴もさほど重要でない場合が多い。というよりも、その人物の**意味合い**をはっきりさせるためだけに必要な程度の特徴だ。人物描写は一種の輪郭作りだ。登場人物の特徴は、その輪郭を言葉で説明したものである。かといって、その特徴は、読者が人物をきちんと思い描く手助けにはならない。*

＊＊＊

テクストが明らかにしていないものこそが、私たちの想像力を誘発する。私は自問する。作家の描写が省略が多く抑制的であればあるほど、私たちはより詳細に、この上なく鮮明に想像できるのではないだろうか？

（音楽では、音符と和音が曲のテーマを定義付けるが、**それ以外の要素も**同様である）

＊もしくは、何かが何であるかを言おうとする時に、**すべてがわかっている**ことは重要ではないということだろうか？

登場人物は暗号である。
そして物語は省略によってより豊かになる。

ヘンリー・ジェイムズの『厄介な年頃』に登場するカシュモア氏について、作家であり評論家のウィリアム・ギャスは、

> カシュモア氏についてはさらにいくらでもさまざまに形容できる（中略）問題は「カシュモア氏とは何なのか？」ということだ。私の答えはこうだ。カシュモア氏とは（1）騒音、（2）固有名詞、（3）複雑な概念のシステム、（4）制御する知覚、（5）言語組織の道具、（6）言及作用と目されるもの、（7）言葉のエネルギーの源

これはどのような登場人物にも言えることだ。同作のナンダ、そしてアンナ・カレーニナにも。もちろん、アンナがウロンスキイにどうしようもなく惹かれてしまうという事実（そして結婚生活を窮屈と感じているような気持ちでいる事実）は、たとえばアンナが「肉づきがいい」という形態学的な事実より重要ではないだろうか？

究極的には、登場人物が、架空の輪郭づけられた世界に登場するすべての人物や事象に対しての関係性の中でどのような行動をとるかということが重要なのだ（「無様で、ぎくしゃくしている…」）。

私たちは登場人物が目に見えていると思いがちだが、登場人物はひとつの成り行きを決める一組の規則のようなものである。登場人物の身体的特徴はほんの飾りに過ぎないかもしれないが、その特徴は、登場人物の意味に寄与することもできる。

（見ることと理解することの違いとは何か？）

$$(A \bullet K \bullet V \bullet M) \supset [(a \cup v) \vdash T]$$

A＝アンナは若く美しい（「きゃしゃな手」をしている／魅了的にふくよかだ／青白く、頬は赤みをおび／豊かな黒い髪がカールしている／など）。

K＝カレーニンは年寄りで醜い。

V＝ウロンスキイは若くハンサムだ。

M＝モーレス［社会規範］。19世紀ロシアにおける（女性による）不倫に対する非難。

T＝アンナは列車事故で死ぬ。

「a」「k」「v」＝アンナ、カレーニン、ウロンスキイ

［（集合的アンナと集合的ウロンスキィの和集合）推論記号⊢時間T］は（アンナ・カレーニン・ウロンスキィ・社会規範）に等しい
［訳注：つまり、この三人の行動が社会規範によってさばかれ、結果的にそれらの要素を含んだ集合的アンナは列車に轢かれて死ぬと推測される］

カレーニンの耳をみてみよう。
（カレーニンはアンナに裏切られた夫である）

カレーニンの耳は大きいか、小さいか？

> ペテルブルグでは、アンナは汽車がとまるとすぐさまおりたが、彼女の注意をひいた最初の顔は、良人の顔だった。「おや、まあ！　どうしてあのひとの耳はあんなになってしまったのかしら？」彼の冷やかな、押しだしのいい姿と、とりわけ、いま彼女をおどろかせた、丸帽のへりを支えている両耳の軟骨部を見やりながら、アンナはそう思った。[6]

カレーニンの耳は、妻の嫌悪感に比例して大きくなる。つまり、カレーニンの耳はカレーニンの外見については何も伝えてくれないが、アンナが彼に対してどのような感情を抱いているかについては、多くを語ってくれている。

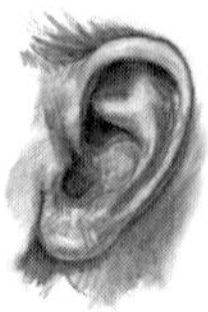

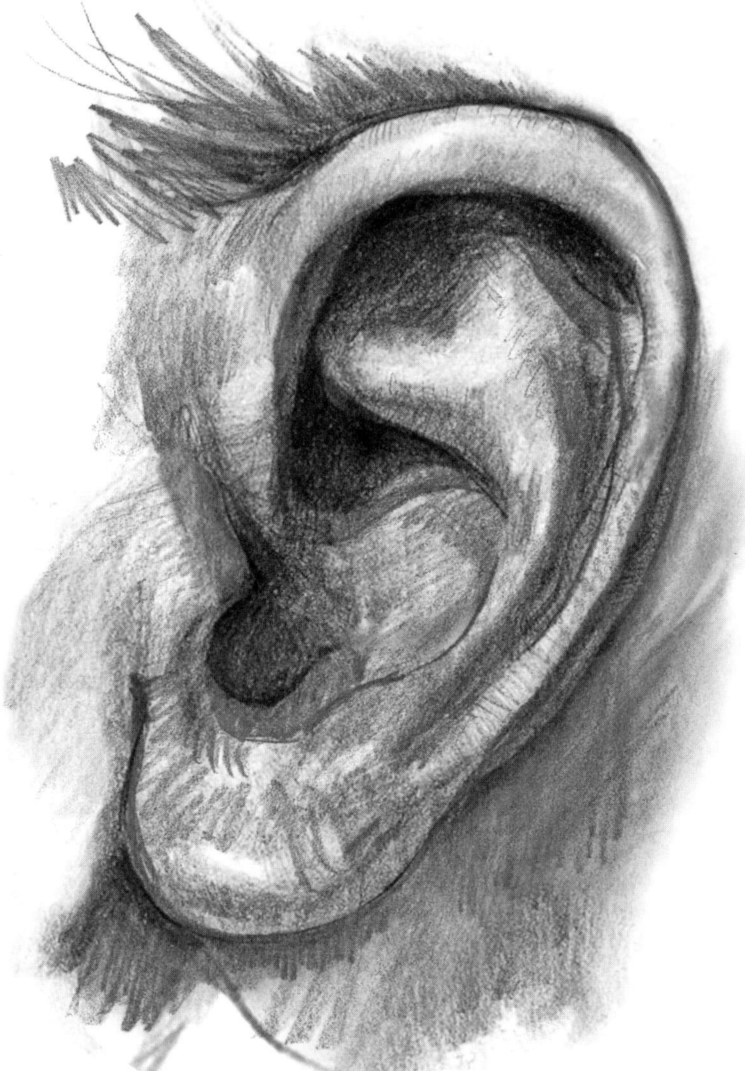

わたしの名は

イシュメイルとしておこう。[7]

ハーマン・メルヴィルの『白鯨』の冒頭を読むと何が起きるだろうか？

まず、話かけられる。しかし誰に？　話者を想像する前に、冒頭の一文を（心の耳で）**聞いている**可能性がある。私にとって、イシュメイルの声は、その顔よりもはっきりと浮かび上がる(聴覚は、視覚や嗅覚とは異なる神経の情報処理を必要とする。そして読書している時は、見るよりも**聞く**ことが多いように思う)。

イシュメイルのイメージを呼び起こすとしたら、どのようなイメージが思い浮かぶだろうか？　船乗りだろうか？（それは像なのかカテゴリーなのか？）あるいは、ジョン・ヒューストンによる映画化においてイシュメイルを演じたリチャード・ベースハートを思い浮かべるかもしれない。

(お気に入りの小説の映画化作品を見る前に**よく**考えて欲しい。その映画の俳優が、小説の登場人物として永遠に脳裏に刻まれてしまう可能性が高い。これは**非常に危険なこと**である)

＊＊＊

あなたの思い描くイシュメイルの髪は何色だろうか？　巻き毛か直毛か？　あなたより背は高いか？　はっきりとイシュメイルを思い浮かべられないのなら、せめて「主人公、語り部、第一人称」とされているものを、脇によけておくことはできるだろうか？　それだけでも充分かもしれない。イシュメイルがあなたの中にある種の感情を呼び起こしてくれるかもしれない。しかしそれでも彼が見えていることにはならない。

メルヴィル自身の頭の中に、イシュメイルのイメージがあったかもしれない。メルヴィルが長年海で過ごした頃の知り合いに似ているのかもしれない。しかしメルヴィルのイメージは読者のイメージと同一ではない。そしてイシュメイルが饒舌に描写されていてもいなくても（私はこの小説を3回読んだが、メルヴィルがイシュメイルの身体的特徴を描写していたかどうかを思い出せない）、本を読み進めながら、常にイシュメイルに対するイメージを更新しなければならない。私たちは常に、小説の登場人物の像を脳裏に思い返し、再考し、修正して、さかのぼって再確認し、新しい情報を得るたび更新するのだ。

あなたがイシュメイルとして想像する顔は、あなたのその日の気分に左右される。イシュメイルは章ごとに、そう、タシュテゴ［同じ船に乗るネイティブアメリカンの銛手《もりうち》］とスタッブ［同船の二等運転士］くらい違う顔になるかもしれない。

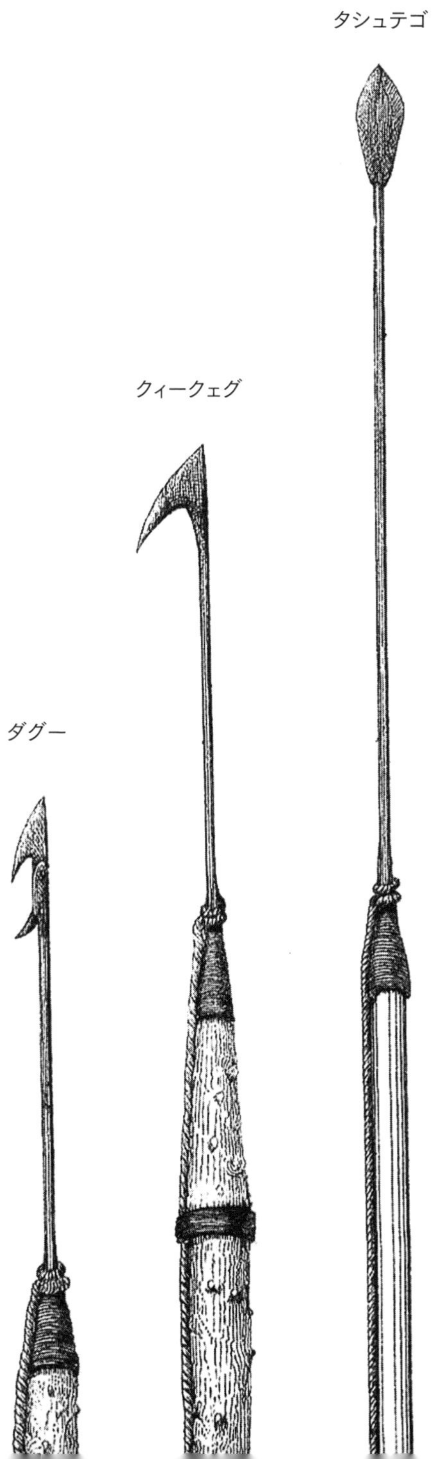

［それぞれピークォド号に乗る銛手《もりうち》の名］

演劇においては、複数の俳優がひとつの役柄を演じることがある。このような場合、多数の俳優によって生じた認知上の食い違いは、観客にとっては明白である。しかし、小説を読んだ後に登場人物たちを思い返す時には、1人の俳優がひとつの役を演じたかのように思い出すのだ（物語の中では、「登場人物」の多重性は複雑な心理として読解される）。

＊＊＊

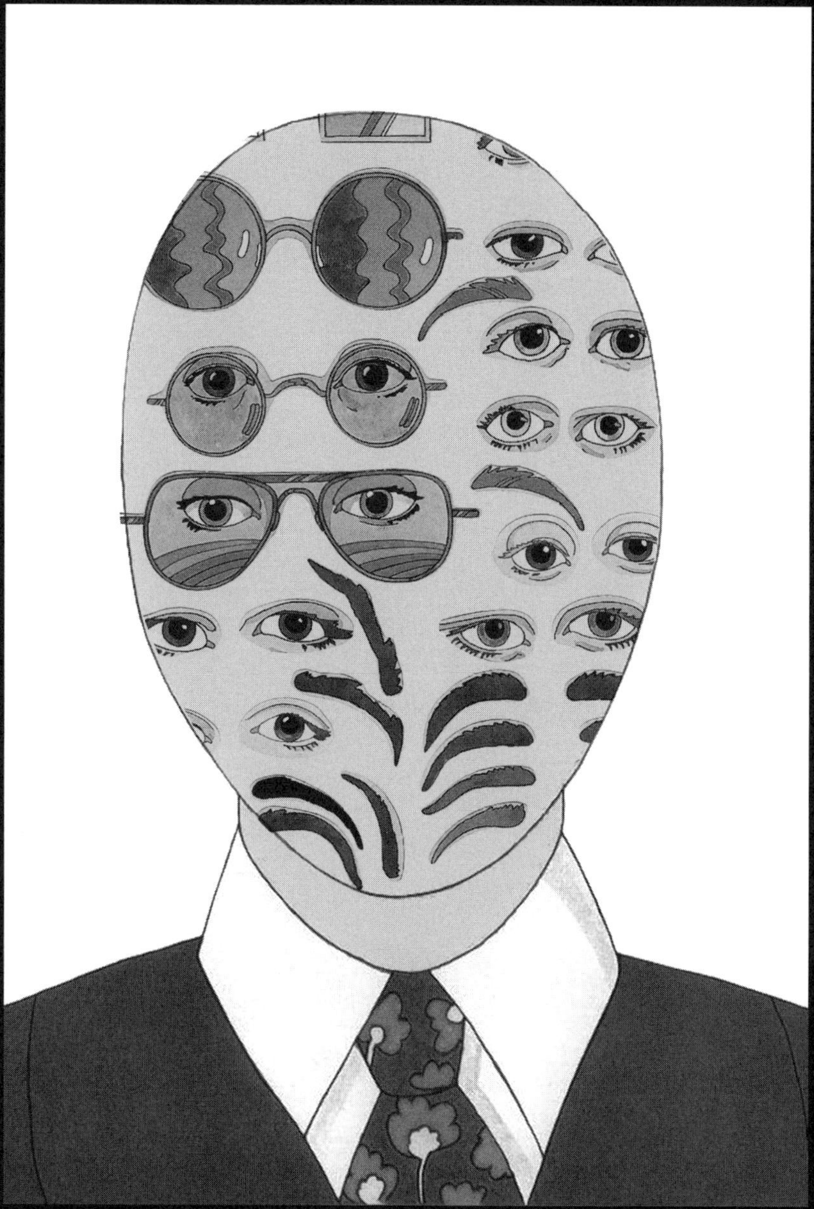

ここでひとつの疑問。ギュスターヴ・フローベールの小説『ボヴァリー夫人』に登場するエマ・ボヴァリーの目の色は（よく知られているように）青、茶、深い黒色と変化する……これは重要なことだろうか？

そうでもないようだ。

＊＊＊

dame Bovar

「女性の目について書く小説家は気の毒だと思う。なにしろ、選択の余地は少ないし、（中略）彼女の目は青いとくると、すなわち無邪気で正直な女なんだなとなってしまう。目が黒い、すなわち情熱と深み。緑の目、野性と嫉妬。褐色の目、信頼できて常識に富む。すみれ色の目の女、これはレイモンド・チャンドラーの小説にあった」

——ジュリアン・バーンズ『フロベールの鸚鵡』[8]

もうひとつ疑問。小説が進むにつれて登場人物が成長していく時、その人物の内的変化と共に、その「外見」(どのような容姿か)は、あなたの中で変化するだろうか？（実在の人物であれば、中身を知れば知るほど魅力的に見えるが、相手の身体をじっくり観察したから愛情が増したということではない）

登場人物は、登場した途端に完全にできあがっているのだろうか？　そうかもしれない。パズルがそうであるように**順番がバラバラ**なだけなのだ。

＊＊＊

『灯台へ』の素晴らしさのひとつに、感覚的、心理的な体験の精緻な描写がある。この小説の材料は、登場人物、場所、筋書きよりも、感覚データである。

冒頭はこうだ。

「ええ、いいですとも。あした、晴れるようならね」ラムジー夫人はそう言った。[9]

これは、言葉が虚空に響いているようではないか。ラムジー夫人とは誰だ？　**どこに**いるのだ？　誰かに話かけている。顔のない2人の人物が浮遊している。未完成に、未形成のまま。

読み進めると、ラムジー夫人は、その息子のジェイムズが持っている本のように、切り貼りのコラージュになる。

＊＊＊

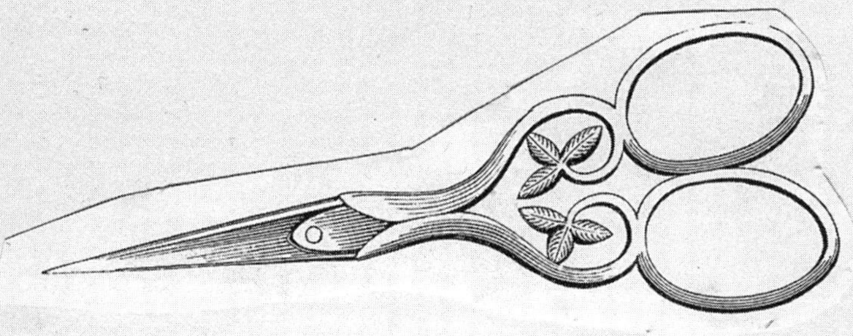

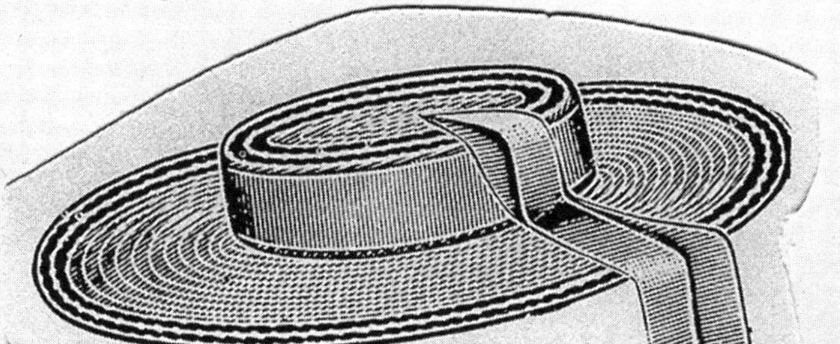

読み進めると、ラムジー夫人が息子に話しかけているということがわかる。夫人は70歳くらいで、息子は50歳くらい？　いや、違う。息子は6歳だということを、私たちはじきに学習する。こうして修正が加えられる。そんなことの連続。物語が線的であるならば、読者は完全なイメージを思い描けるまでじっくりと待つだろう。しかし私たちは待てない。その本の扉をくぐった途端に、イメージしはじめてしまう。

本を読んだことを**思い出す**時、少しずつ、常に、こうした修正を加えたことは忘れている。

もう一度言う。私たちは、映画を見たかのように思い出すだけだ。

ヘブリディーズ諸島、1910～1920年
［『灯台へ』の舞台の島の名］

Hebrides
1920

OPENINGS

冒頭

私は本を読む時、現象界から撤退する。自分の「内側へ」注意力を向かわせるのだ。逆説的だが、自分が手に持っている本の方へと向かっていき、まるで本が鏡であるかのように、自分の**内側を**見ているように感じる（ここでの鏡は読書という行為の比喩である。これ以外の比喩も可能だ。たとえば、読書とは目を閉じて、想像上の中庭に進んでいくようなものだ。中庭は回廊や泉、木々に囲まれた、瞑想の場である。しかし、本を読む時に見えるものは中庭ではないし、鏡でもない。本を読んでいる時に見えるものは、本を読む行為そのものでもなければ、本を読む行為にたとえられる何かでもない)。

読書をしはじめるとすぐに現象界から撤退してしまうため、撤退していることに気づかない。私の目の前にある世界と、私の「内側の」世界は、単に隣接しているだけでなく、重なり合っている。本は、2つの世界の交差点のように感じられる。または、その2つの世界をつなぐ中庭、橋、道のように感じられるのだ。

目を閉じると、見えるもの（まぶたの裏に見えるオーロラ）と、想像するもの（たとえば、アンナ・カレーニナのイメージ）は、意識的に離されたものにすぎない。読書は、閉じた目の中の世界に似ている。そして読書は、まぶたの裏のような場所で行なわれる行為だ。開いた本は、日よけのような役割をする。本の表紙と中身が、世界の喧噪を閉ざし、想像力を刺激するのだ。

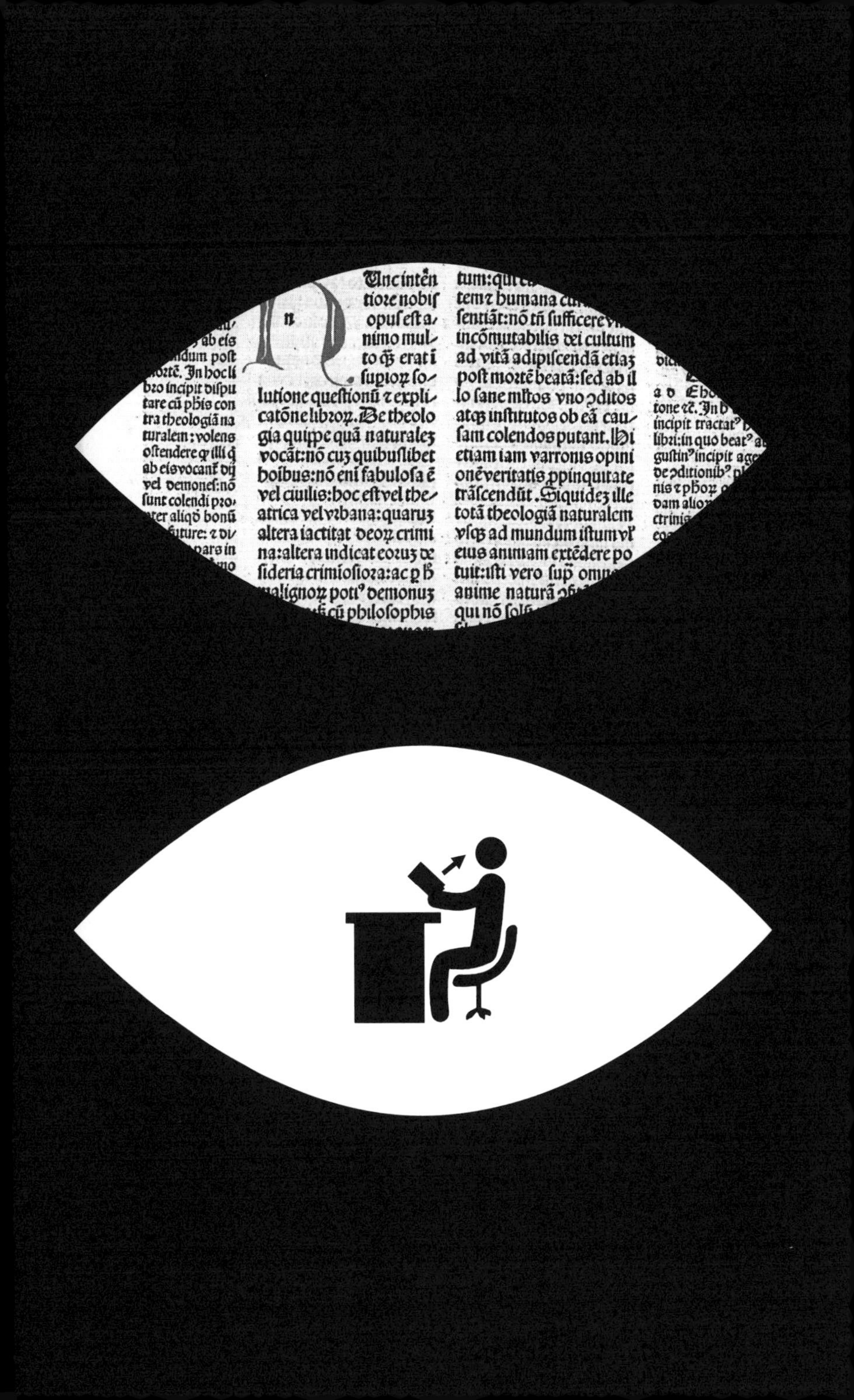

『灯台へ』と『白鯨』の冒頭は、読者を混乱させる。物語と、それが織りなす光景を処理しはじめるに必要な情報を与えてくれないからだ。

とはいえ読者はそのような混乱に慣れている。物語はいつも疑念と混乱の中で幕を開ける。

初めて本を開く時、そこにあるのは境界的な空間だ。あなたは、あなたが本（**この本**でもいい）を手に持っているこの世界にはいないし、あの世界（文章が示すメタフィジカルな空間）にもいない。この多次元性が、一般的な読書の感覚をある程度説明している。読者がいるのは、

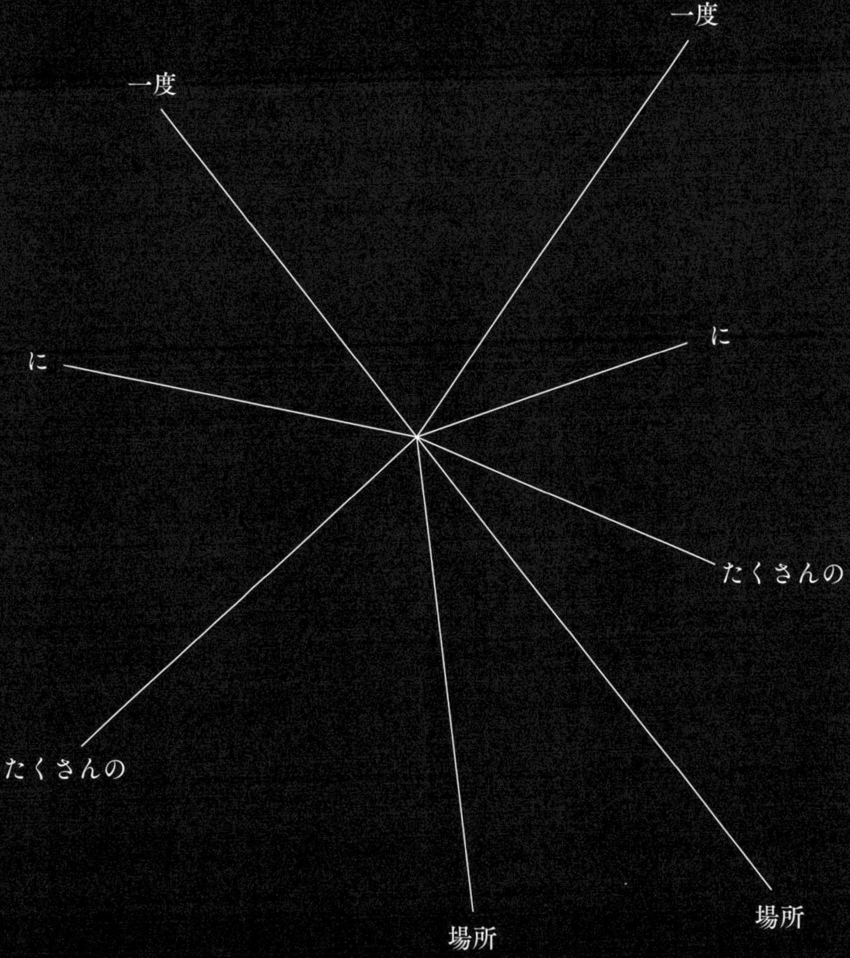

イタロ・カルヴィーノはこの中間性をこう解説している。

> 物語はある駅で始まる、蒸気機関車が一台鼻を鳴らしている、ピストンから噴出する蒸気が章の冒頭の部分を覆っている、立ち込めた煙が最初の書き出しの部分を包み隠している。[10]

冬の夜ひとりの旅人が

物語はある駅で始まる、蒸気機関車が一台鼻を鳴らしている、ピストンから噴出する蒸気が章の冒頭の部分を覆っている、立ち込めた煙が最初の書き出しの部分を包み隠している。駅の匂いの中を駅のビュッフェの匂いが吹き抜けていく、曇ったガラス戸越しに中を覗き込んでいる男がいる、男は喫茶店のガラス戸を開ける、中も、まるで近眼の目か石炭の煤の入った目で見たように、すべてがかすんで見える。本のページが古い列車の窓ガラスのように曇らされているのだ、文章の上に煙がたゆたっているのだ。雨の夜である、男は喫茶店に入る、濡れたオーバーコートのボタンをはずす、湯気が彼を包む、汽笛が見渡すかぎり続いた、雨に光るプラットフォームに沿って響き渡る。

蒸気機関車の汽笛のような音と蒸気の噴射と、年取ったウェイターが信号を発するように押すコーヒー沸かし器から立ち昇る、と言おうか少なくとも第二段目の書き出しの文章の続き具合からみるとそうらし ではテーブルに座ってトランプをしている常客たち カードを閉じて胸に当て、首と肩と椅子を曲げて の方を振り向く、一方カウンターにいる

『荒涼館』もまた霧の風

ロンドン。（中略）さながら地の表より水が退いたばかり（『創世記』
サウルスが象もどきのトカゲよろしくホウボーン・ヒルを
ト、ぼた雪ほどもあるススを抱いて黒々と滴る――恰も
とて、五十歩百歩、目隠し革まで泥跳ねを浴び。
角で足場を失う。夜が明けてこの方（とは仮に
びりつき、複利で膨れ上がる一方のドロ殻
これぞ五里霧中。川上にて、霧は緑の
とうねり行く。エセックスの沼地にも、
イと、大型船の帆桁伝いに張り出し、
端でゼエゼエ喘いでいる老いぼれ
イプの柄から皿からに、潜り込む
の上を通りすがった連中は、
のように、ひょいと
ガス灯は通りの
大方は
ひんやり
ろんこ
だ

[11]

景から始まる……

『荒涼館』は霧の風景から始まる。その霧はチャールズ・ディケンズが生み出した世界を構成している要素のひとつである。

この霧は、ロンドンの「実際の」霧への言及でもある。

この霧は、イギリスの大法官庁高等法院制度のメタファーでもある。

私は、小説の冒頭というものに対する視覚的なメタファーとして霧を使った。

これらの霧の中で、私が唯一まったく解読できない霧は、フィクションにおける、霧の**視覚効果**だ。

TIME

時間

私は娘に大きな声で読み聞かせをしている。たとえば次の一文を読む。

「ああああああああ

ああああ！」

娘の前で、抑揚のない、なんともはっきりしない声で、その叫びを演じた。演技が下手だからではない（いや、下手ではあるのだが）。誰が叫んでいるのか、その時点では私にはわからなかったからだ。物語の後半で誰の叫び声か判明した時、娘は、さきほどのページをもう一度読んでくれと言った。その人物に合わせた、高い、女性的な声で……。

これが、私たちが読書する時に登場人物を視覚化するプロセスである。まず人物に対して何らかの想像をしておき、50ページも進むと、私たちが脳裏に浮かべているその人物とは決定的に違うことがわかるので、軌道修正するのだ。

＊＊＊

あぁっ！

「厳かに、肉づきのいいバック・マリガンが」

初めて登場するバック・マリガンは、形容詞をまとっている。形容詞が彼自身に先行する。

『ユリシーズ』を初めて読むと、読者の頭の中には動きのないイメージの連続が生まれるかもしれない。それぞれのイメージが、ひとつひとつ、登場するごとに、バックの描写と関係している。

それぞれの形容詞は非同期のものだ。つまり、バラバラに登場する。

厳かに

肉づきのいい

バック

［英語で牡鹿、伊達男の意味がある］

マリガン

ジェリー・マリガン（サックス・プレイヤー）

（もしくは、マリガン）

キャリー・マリガン（女優）

読んで想像することで、読者自身の性質が顕在化する。本がそれを引き出すのだ。

(人の性質とは奇妙なものだ……)

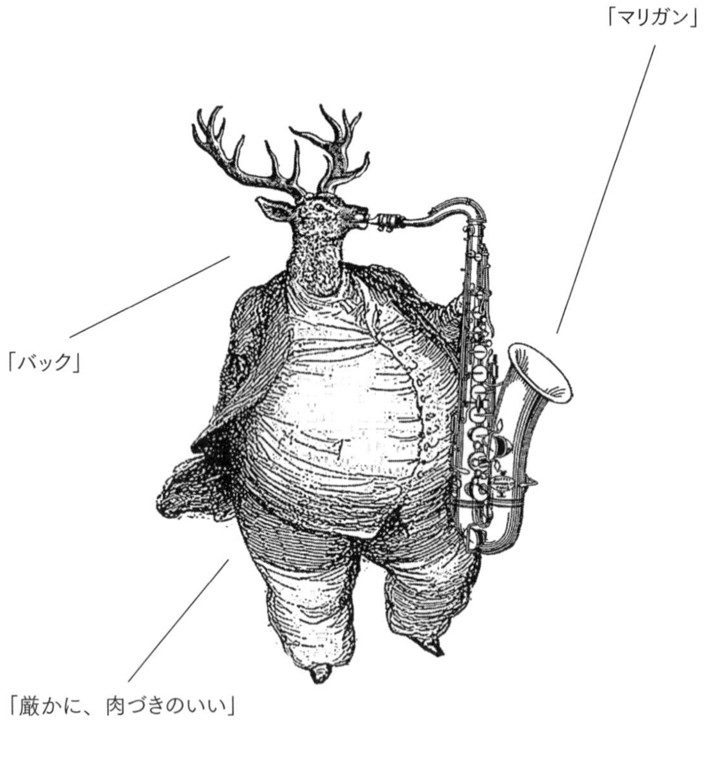

読書を進めれば、ひとつの性質が別の性質に取って代わられるかもしれない。

しかし（当然ながら）私たちは読みながらにして単語を、

ひとつひとつ

とらえている

わけでは

ない。

私たちは、目でとらえられるだけの単語を取り込む。
水をゴクゴクと飲むように。

＊＊＊

厳かに、肉づきのいいバック・マリガンが、シャボンの泡立つボウルを捧げて階段口から現れた。十字に重ねた鏡と剃刀が上に乗っかっている。はだけたままの黄いろいガウンがおだやかな朝の風に乗って、ふわりと後ろへなびいていた。彼はボウルを高くあげて唱えた。――《ワレ神ノ祭壇ニ行カン》。彼は立ち止ると、暗い螺旋階段をのぞきこんで、荒っぽくわめきたてた。――あがって来い、キン

三
度　塔と　まわり
の土地と　目覚めか
けたた山々をおごそかに祝
福した。それからスティー
ヴン・ディーダラスを目にする
と彼のほうに身を乗り出し、喉
をごろごろ鳴らし頭を振りたた
不機嫌で眠そうに十字を切った。
腕ディーダラスは階段の手摺にもたれ
を首を振り目せて祝福を与える馬の
や通った樫のごろごろ喉の木目
ないた明るい色の剃髪して見
た。はち髪を冷たい目でガン
バック・マリガの鏡と
下をの

重要なのは単語の文脈である。ひとつの単語が意味するものは、その周囲にある単語に左右される。まるで言葉は音符のようだ。単音をイメージしてみよう。

まるで文脈のない単語のようだ。このような単一の音は人によっては騒音だと感じることもある（たとえば車のクラクションの音であればなおさら）。これがすなわち、意味の欠如である。

もうひとつ音を加えると、第一の音を考えるべき文脈が生まれる。意図していなくても、**和音**が聴こえるようになる。

長音階
（メジャースケール）

短音階
（マイナースケール）

音を3つにすると、さらに意味が限定される。文脈によって雰囲気も変わる。言葉も同様だ。

文脈——意味論上のだけでなく、物語上の文脈——は、読者が文章をより深く読み込んだ時にのみ蓄積されていく。

厳かに、肉づきのいいバック・マリガンが、シャボンの泡立つボウルを捧げて階段口から現れた。十字に重ねた鏡と剃刀が上に乗っかっている。はだけたままの黄いろいガウンがおだやかな朝の風に乗って、ふわりと後ろへなびいていた。彼はボウルを高くあげて唱えた。

——《ワレ神ノ祭壇ニ行カン》。

彼は立ち止ると、暗い螺旋階段をのぞきこんで、荒っぽくわめきたてた。

——あがって来い、キンチ！　あがって来いよ、このべらぼうなイエズス会士め。

——ありがとよ、相棒、と彼は勢いよく叫んだ。これで上等。電流のスイッチを切ってくれ。

彼はいかめしく歩み出て円形の砲座にあがった。くるりと向き直り、三度、塔と、まわりの土地と、目覚めかけた山々をおごそかに祝福した。それからスティーヴン・ディーダラスを目にすると、彼のほうに身を乗り出し、喉をごろごろ鳴らし、頭を振り、たてつづけに空に十字を切った。不機嫌で眠そうなスティーヴン・ディーダラスは階段の手摺に両腕をもたせて、祝福を与えてくれる首振りのごろごろ喉の馬づらや、白樫のような色の木目の通った、明るい剃髪していない髪を冷たい目で見た。

彼は砲座から飛び降り、はだけたガウンのひだを脚のまわりにかき寄せ、眺めている相手をおごそかに見返した。陰になった肉づきのいい顔と陰気な卵がたの顎が、中世の芸術の保護者、高位の聖職者を思わせる。気持のいい微笑が静かに唇の上にひろがった。

[illegible]

…ォードを出たからさ。ところが、

「ああ、そうなったら、どんなにすてきだろう!」
コーリャの口からこんな叫びがほとばしった。

「さ、それじゃ話はこれで終りにして、追善供養に行きましょう。
ホットケーキを食べるからといって、気にすることはないんですよ。
だって昔からの古い習慣だし、良い面もあるんだから」アリョーシャは笑いだした。

「さ、行きましょう! 今度は手をつないで行きましょうね」

「いつまでもこうやって、一生、手をつないで行きましょう! カラマーゾフ万歳!」
もう一度コーリャが感激して絶叫し、少年たち全員が、もう一度その叫びに和した。[12]

COPYRIGHT © 1880
ALL RIGHTS RESERVED

Country of First Publication: Russia
Dostoevsky is the author of this motion picture for purposes of the
Berne Convention and all national laws giving effects thereto.

FIN

物語が発展していくにつれて、私たちの物語に対する理解は増していくが、結果として小説が最終章に近づくほど想像しているものがより鮮明になっていくということはない、ということに私は気づいた。小説の最後のページは、スペクタクルに満ちているわけではなく、むしろ**意味が充満している**。

(見ることは理解することとは違うということを、いま一度強調しておきたい)

＊＊＊

私たちは本を読む時、本の語句の意味を解明するために先まわりして考えておかなければならない。つまり予測していなければならないのだ。そうすることで、私たち読者は、直線的な書き言葉の行き詰まりや、ちょっとした停滞や、ずれや、不自然な区切りに対処する。

私たちは、見ろと言われたものを想像するが、**見ろと言われるであろう**ものも、ページの先まで想像している。登場人物が角を曲がったなら、曲がった先に何があるかを（作者が語ろうとしなくても）推測しているのだ。

速く読む時は一気に語句を読んでいくが、文章を舌の上で転がすようにゆっくりと味わうこともできる。

（読む速度は、想像するものの鮮やかさに影響するだろうか？）

＊＊＊

いつもなら車で通る道の路肩を歩いてみたことがあるだろうか？　すると突如、車で走っていたら見ることができなかった細部が見えてくるだろう。そしてあなたは、その道路が2つの異なる道であることを知る。つまり、歩行するための道路と、走行するための道路。この2本の道路は、地図学的には関係が希薄だ。それぞれの道路の体験は、まったく異なる。

本を道路にたとえてみよう。道路によっては、スピードを上げて運転するために作られたものもあるだろう。そのような道路は細部の特徴に乏しく、特徴があったとして冴えないものだ。しかし、物語のスピード感や回転には気持ちを高揚させられる。また、本が道路であるならば、歩くために作られたものもあるだろう。その道が描く曲線などは、その道から見える景色に比べれば少しも重要ではない。私にとって最高の本とは、高速で進みながらも、時折、人を停車させ路肩で驚かそうとする、そんな本だ。そういった本は再読すべく書かれた本である（初回は可能な限り速く疾走する。その後、楽しく散歩をして、見逃したものをじっくり見るのだ）。

ある種の小説

また別の種の小説

そしてまた私は娘に読み聞かせをする（毎晩のことだ）。

私はいつもページの最後の言葉を読み終わらないうちにページをめくってしまう。

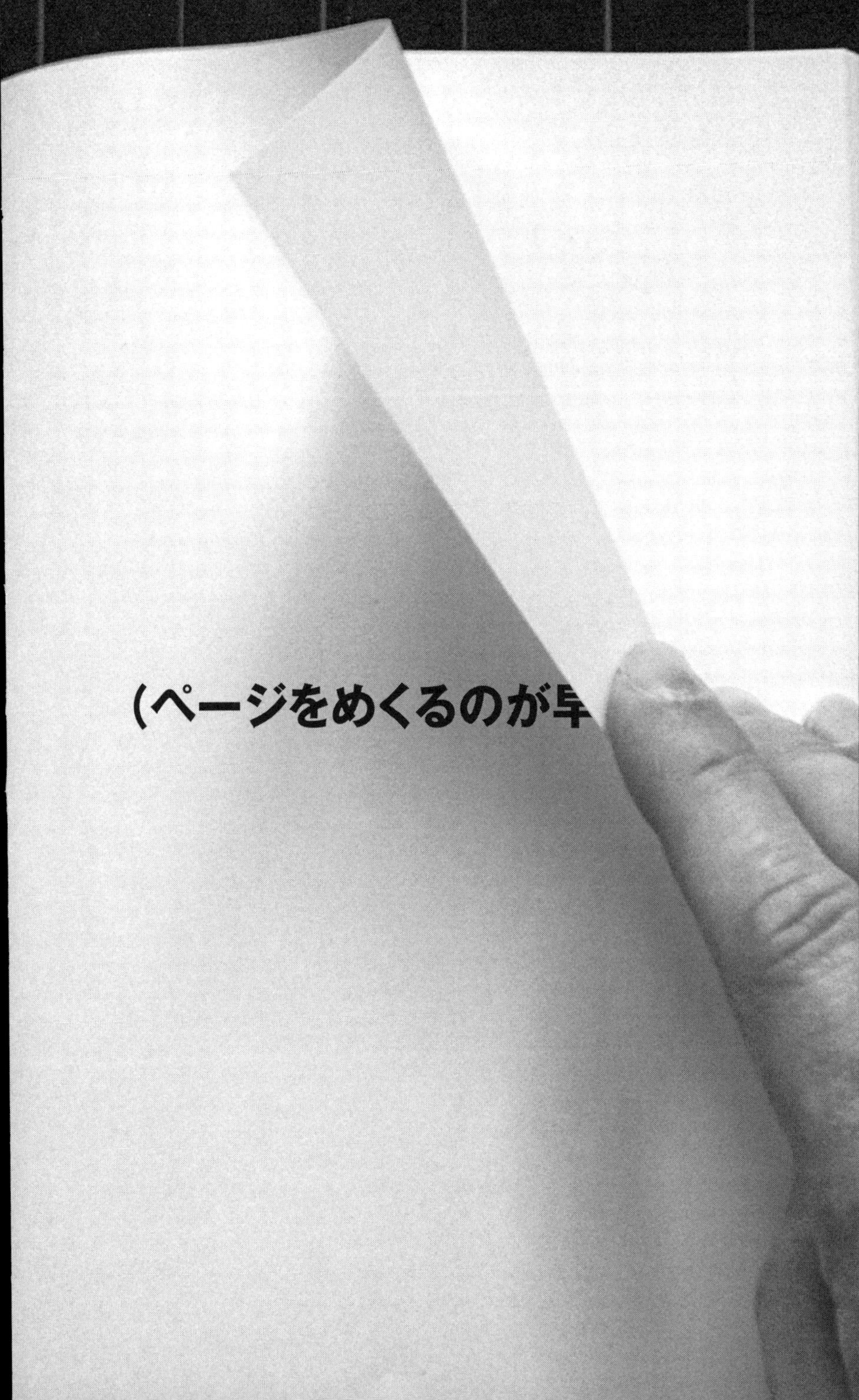
(ページをめくるのが早

すぎた）

すでに述べたように、私たちの目と脳は、予測して先読みをする。

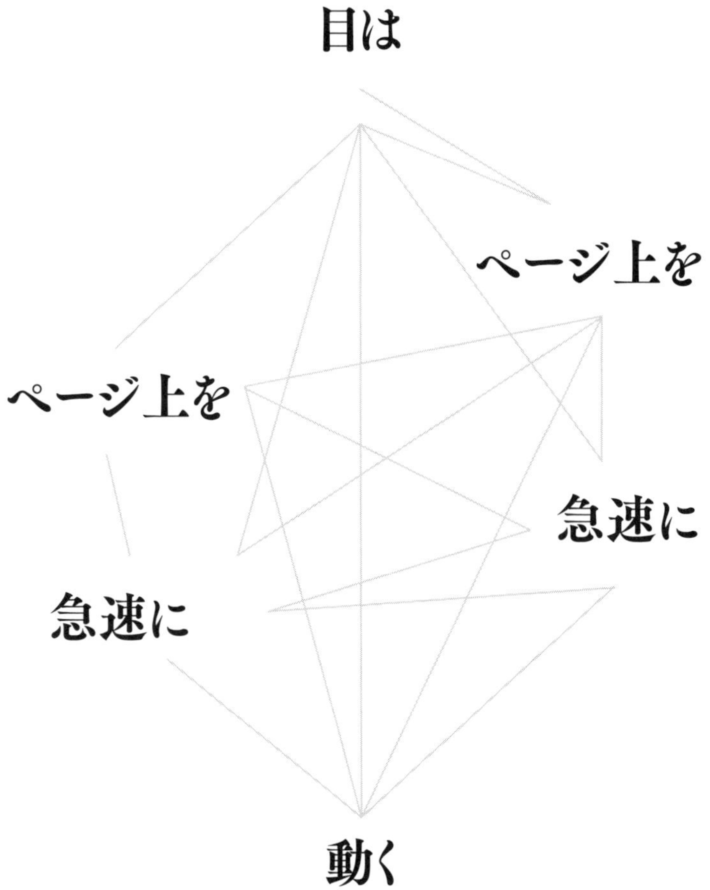
目は
ページ上を
ページ上を
急速に
急速に
動く

私たちは、ページの一部から何かを想像しながら、別の部分からも情報を集めている。

私たちは本を読む時、一度に（一飲みに）

1. ひとつの文章を読み、
2. その先にあるいくつかの文章を読み、
3. すでに読んだ文章の内容を意識上に残しながら
4. その先に起こることを想像する。

上記のことは「視声範囲」と関連する。「視声範囲」とは、人の目がページの上で見ている箇所と、（心の）声が読んでいる同じページ上の別の箇所との距離のこと。

未来予持／過去把持

現在
現在
現在
現在
現在
現在
現在
現在
現在
現在
現在
現在

読むということは、いくつもの、経験済みの「現在」の連続ではない。

過去、現在、未来は、それぞれを意識する瞬間ごとに、ひいては、読書という行為の流れの中で織り交ざる。それぞれの流動的な間隔は、読んだものの記憶（過去）、意識上の「現在」の経験（現在）、そしてこれから読むものの予測（未来）の混合から成る。

＊＊＊

> 私はひとつらなりの今を経過するのではない。――その像を私が保存でもしているかのような、そして、つなぎ合わせると一本の線をつくるような、一連の今を経過するのではない。新たな瞬間がやってくるごとに、先だつ瞬間はある変容を受ける。私はまだこの瞬間を掌中に握っている。それは今なおそこにある。しかし、それはすでに諸現在からなる水準の下に沈降しつつある。したがってそれを保持するためには、時間の薄い層を貫いてその下まで私の手を差し伸ばさねばならない。
>
> ――M・メルロ＝ポンティ[13]

then 当時

tnhoewn 当時と今が
渾沌とした状態

now 今

架空の人物は**皆が同時に**登場するわけではない。私たちの想像の中で、すぐさま具現化するわけではないのだ。

ジェイムズ・ジョイスの小説の登場人物であるバック・マリガンは、『ユリシーズ』の冒頭においては、単なる暗号にすぎない。しかし、小説の中で彼と他の登場人物との交流を知っていくと、より微妙なニュアンスを帯びてくる。ダブリンの人々とのやり取りから、彼の別の側面が見えてくる。ゆっくりと、バック・マリガンは複雑になっていく。

「伯母から
20ポンドをせしめたら
いっしょに行くかい？」
[14]

……と、バックは、共同生活をしているスティーヴンに言う。

（彼はたかり屋なのだ）

「まったく、
いやなやつだよな」[15]

……と、バックは、3人目の同居人であるヘインズの陰口をたたく。

（彼は不義理だ）
などなど。

すべての文学作品の中の登場人物のキャラクターがそうであるように、バックのキャラクターも、行為と行為の相互作用から生まれた、複雑な現象と言える。

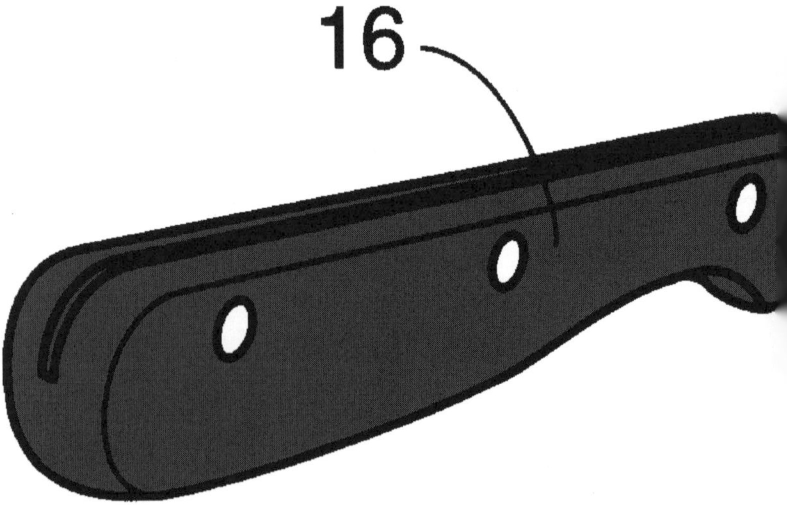

行為とは：

アリストテレスは、**自己**が行為であり、知ることによって、物事の本質を発見することが、その**テロス**（目的）だと主張する。

ナイフは、**切るという行為**によってナイフになる。

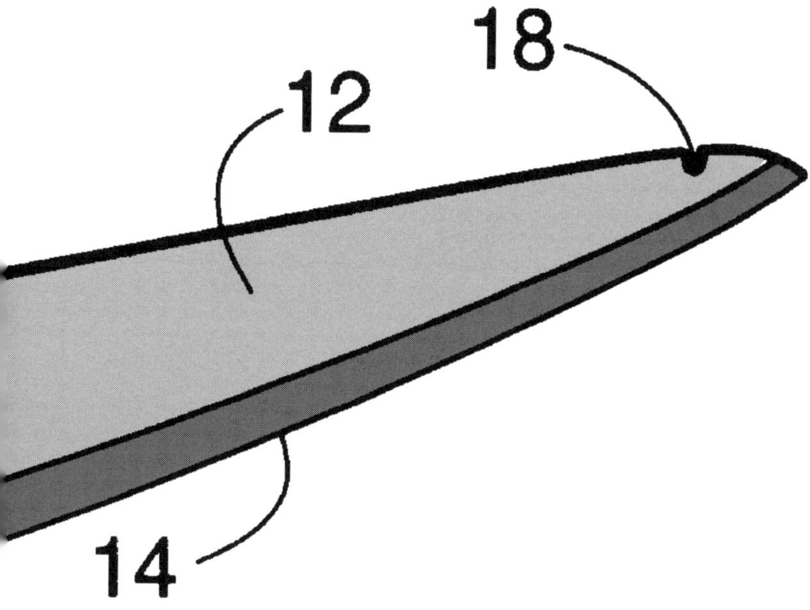

俳優の友人いわく、彼にとって役作りは「形容詞的というよりも、副詞的」だそうだ。彼が言いたいのは、（作家が提供する）役柄についての（必然的な）情報の欠如は、その役柄が**何**を、**どのように**するのか、ということに比べると、大したことではないということだろう。友人はこう続けた。「なんにせよ、脚本家は形容詞をあまり使わないんだよ」。

（人間は**物**を想像するより、**行為**を想像する方が得意なのだろうか？）

＊＊＊

> 「おれは、おしゃべりの多い本が好きだ。それに、しゃべっている男がどんな顔つきをしているかを、だれにも説明してもらいたくないんだ。おれは、そいつのしゃべり方から顔つきを想像し（中略）、その男が何を考えているかを、そいつの言葉で判断したいんだ。おれは、地の文も少しは好きだ。（中略）だけど、描写が多すぎるといやだな」
>
> ――ジョン・スタインベック『たのしい木曜日』[16]

もしも行為に明らかな主語と目的語がなかったらどうなるだろうか？

行為のみでイメージは構成できるのだろうか？

それは文章を動詞のみで構築できるかどうかの可能性と同じようなものだ……

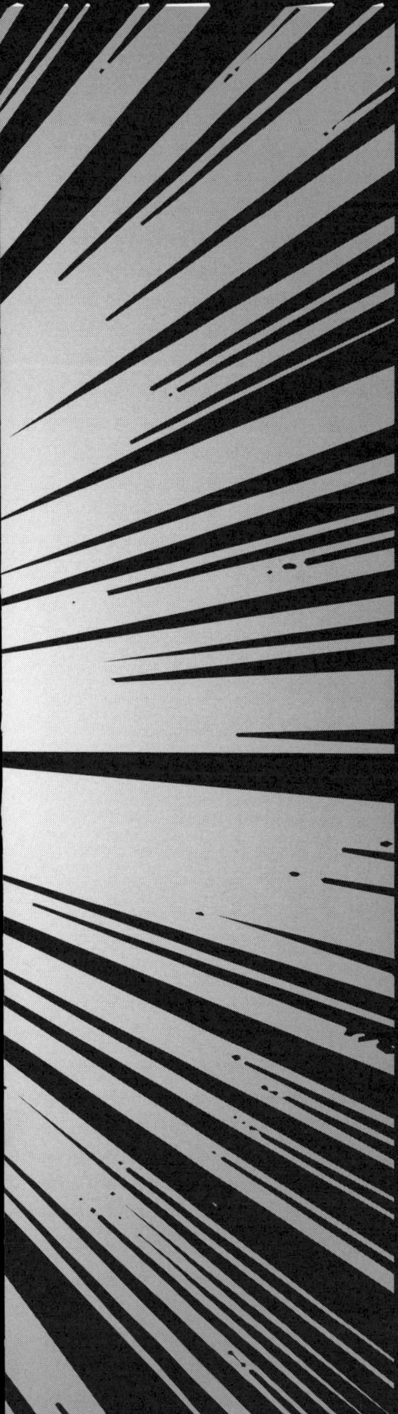

作品の冒頭の文章を動詞のみにすると……

中傷した、逮捕された。——『審判』
捧げて現われた、重ねた。——『ユリシーズ』
のぞけた。——『響きと怒り』
しておこう。——『白鯨』
である。——『アンナ・カレーニナ』

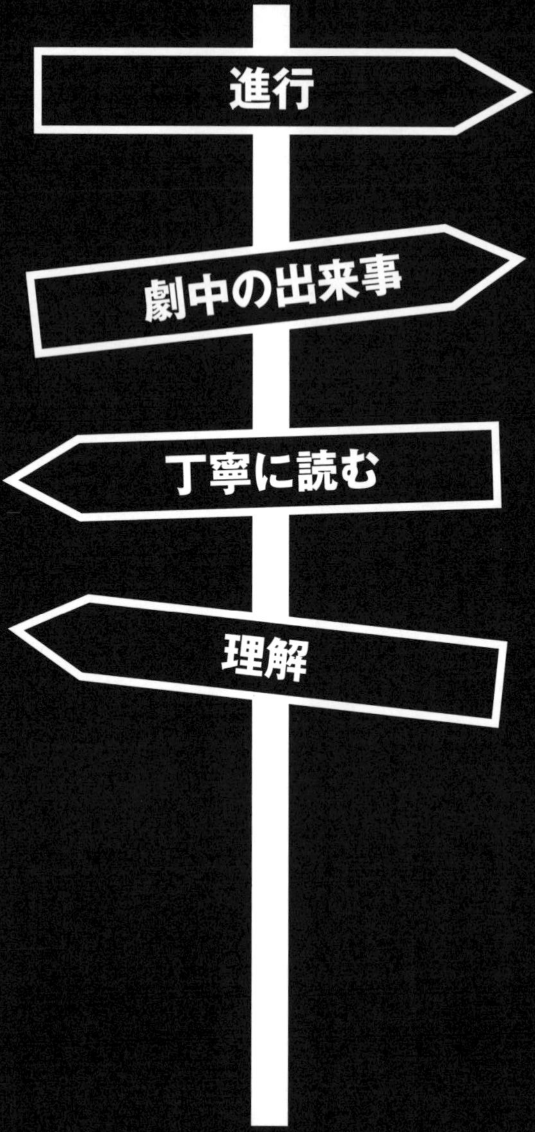
進行
劇中の出来事
丁寧に読む
理解

最近、読書中に突然ハッとしたことがある。居眠り運転をしてレーンを外れてしまった運転手のように、驚き、狼狽した。その時、登場していた人物が**誰なのか**という把握せずに読んでいたことに気づいたのだ。

私の注意深さが足りなかったということだろうか？

物語の時間や空間が混乱させられるようなものだったり、文章に未知の人物が現われたり、読む上で自分が致命的な情報を理解していないのではないかと感じはじめたりするような時、戻って読むか、そのまま読み進めるか、その板挟みになる。

（私たちは、どう想像をするかという選択をするし、どう読むかという選択もする）

こういう場合は、自分がすでに読んだページにあった、鍵となる要素や出来事や解説を読み飛ばしてしまったかもしれないということを認め、逃してしまったその構成要素を見つけるべくページを戻るのだ。

しかしまた別の時には、そのまま読み進めた方が良いように思える時もある。とりあえず知らないということは忘れておくのだ。ゆっくりと答えを明かしていくという作家の意図かもしれないし、良い読者としては我慢して読み進む。または、前に書かれていた致命的な情報を意図せず曲解してしまったのかもしれないから、そのまま読み進む。そして、目前のことに取り組むことのほうが大切で、物語の流れを壊すことはしてはならない、ということにする。情報よりも、その演出を優先するべきだということにする。特に、その情報がさほど重要ではないと思う場合は。

読み進めるのは簡単だ。

人物は、空白の、未分化の空間を動く。名もなく、顔もなく、意味も持たない人物たちがいる部屋。外国語を読んでいるかのように、どこに行き着くかわからないような本筋ではない箇所を、次に方向性が見えてくるまで読み続けるのだ。

惰性

私たちは想像せずに読むこともできるし、理解せずに読むこともできる。物語の筋を失う、理解できていない言葉をそのまま読み過ごし、何に関連しているのか知らずに言葉を読んでしまうと、私たちの想像するものには何が起こるのだろうか？

本の中で言及されている対象がわからない文章を読んでいる時、(不注意に一節読み飛ばしてしまった時など)、まるで、構造的には正しいが意味的には機能しない、意味のない「ナンセンス」な文章を読んでいるような気分になる。その文章は意味ありげな**雰囲気**を持っているため、意味深長に**感じ**、その文法の構造が私を先へと押し進めるのだが、実際には私は何も理解して（そして思い描けて）いない。

このような、意味の保留は、読書中にどれくらいあるだろうか？ 私たちはどれくらい、意味深長な文章を、何のことかよくわからないまま読んでいるだろうか？　どれくらい、**構文**だけに後押しされた空虚の中で読書をするのだろうか？

良い小説は、真の部分はミステリーだ（作家が情報を抑制する。その情報は少しずつ関連性を帯びてくる。だからこそ読者はページをめくるのだ）。たとえば**文字通り**のミステリー小説かもしれないし（『オリエント急行の殺人』、『カラマーゾフの兄弟』）、メタ的な意味でのミステリーかもしれない（『白鯨』、『フォースタス博士』）。または、純粋に、時空間など構造的なミステリーかもしれない（『エマ』、『オデュッセイア』）。

その囚人がピップの後見人だ。*
*『大いなる遺産』より

これらのミステリーは**物語における**ミステリーだ——しかし小説は**視覚的な秘密**も明かしてはくれない……

＊＊＊

「わたしの名はイシュメイルとしておこう」

この言明は、答えよりも、はるかに多くの疑問を誘発する。イシュメイルの顔がどんな顔なのか、たとえば、アガサ・クリスティの小説の殺人事件の犯人の正体のように

知りたいのだ！

あやしい

さらにあやしい

小説家は、私たちに物語を伝えてくれるだけでなく、それをどのように読むか、ということを教えてくれる。私たちは小説からルールを組み合わせる。読み方の方法論のルール（それとなく示された解釈）ではなく、読書を進めさせてくれる（そして時には本が終わっても余韻が消えない）知覚の仕方だ。作家は、私たちがどのように想像したらよいかを教えてくれる。そして、いつ、どれくらい、想像したらよいかも教えてくれるのだ。

＊＊＊

ある探偵ミステリーを読んでいたところ、主要な登場人物が「無愛想で、がっしりしている」と描写されている。

この「無愛想で、がっしりしている」という描写が、この人物の外見に対する私の感覚を刺激してくれるだろうか？　作者はこの描写を、その目的のために設定したわけではなさそうだ。描写する代わりに、意味をもたらしている。

古典的な探偵小説の冒頭では、読者は（まるでチェス盤のように）、限定的な登場人物のいる、限定的な舞台を与えられる。登場人物はざっくりとある種の型にはまっている。そのため、覚えやすいし、私たちの頭にあるミステリー解明機を使いやすい。名前も繰り返し出てくるし、奇妙な人物の特徴もわかりやすい。探偵小説の愛読者は、この段階での人物描写は犯人か無実かの前兆であることがわかる。

ヒゲはヒントかもしれないし、動機にもなり得る。しかしより重要なのは、それは部類と目的になるということだ。そしてそれは読者に、「ポーン」なのか「ルーク」なのか「ビショップ」なのか、などと教えてくれるのだ。

＊＊＊

「探偵小説を読む」というゲームにおいて、ルールは体系化しているが、時として、初心者には反直感的だ。「無愛想で、がっしりしている」、または「陰鬱だ」、とか「ひどくだらしがない」とか、「目が泳いでいる」とか「嘘つきだ」というような登場人物は、確実に結局シロなのだ。真犯人から注意をそらすための典型的なおとりだ。時折、稚拙な作者が登場人物の外見からその罪をにじみ出させてしまっている場合がある。そして、技巧に富んだ作者が偽のおとりを設定する場合がある。つまり、目の泳いだ不気味な男が**本当に**犯人だったりすることもある。そういった場合は、形容詞は「フェイント」であり、「パリー」［フェンシング用語。見せかけの、言い逃れ的な］であり、「ムーブ」であり「カウンタームーブ」［バスケット用語。技や反撃技］なのだ。

＊＊＊

（登場人物の特徴は、**取扱説明書**でもある）

＊＊＊

『ジェーン・エア』で、暴虐なリード夫人は最初のページで登場するが、もう少し読み進めないと完全には（物理的に）描写されない。読者がやっと説明的な記述をもらえた時、夫人は次のように現われる。

> リード夫人は当時、三十六、七でもあったろうか、がっしりした骨格に、頑健な四肢、肩がいかつく、背たけはあまり高くなく、ふとってはいたが肥満というほどではなかった。顔が大きく、下顎がよく発達していて、額はせまく、顎は大きく突き出ており、目と鼻は普通に整っていた。薄い眉の下に二つの目が無慈悲に光っており、皮膚の色は、どす黒く濁っていた。髪は亜麻色に近かった。まるで鐘のようながんじょうな体質の彼女には病魔もよりつくまいと思われた。彼女は、きちょうめんで、巧みな管理者であった。家族も小作人も、抜け目なく統御されていた。子供だけが、ときたま彼女の権威を無視して、嘲笑の的にした。彼女は、上等な服装をしており、また、立派な衣裳を引き立たせるにふさわしい風采と態度とを備えていた。[17]

シャーロット・ブロンテは、なぜこの重要な人物の描写をここまで引っ張ったのだろうか？（そしてそれまではどういった人物を読者は思い描いていたのだろうか？）

リード夫人が登場した時点で物理的に描写されなかったのは、この劇的な場面になるまで、主人公が完全にリード夫人を見ていなかったからである。ブロンテはその代わりに、ジェーン・エアの、リード夫人との経験を描写することを試みていた。

ジェーンがリード夫人の支配下にあり、被虐の身である間、幼いジェーンは怒れるリード夫人を、恐る恐るちらりと見るだけだったからだ。ジェーンは縮み上がりながら、ぎゅっと閉じた目の隙間からリード夫人を見る。だから、ジェーンにとっても、つまり読者にとっても、リード夫人は少しずつ、恐る恐る、その姿が現われてくるだけだったのだ。たとえばその「無慈悲に光る灰色の瞳」や階段を二段飛びで上がるずんぐりとした体格などが。

ついにジェーンが制圧者に立ち向かい、対等にその目を見据えることができる時、リード夫人の全貌を、外見を見据え、値踏みすることができる。この場合、描写の内容など（ほぼ）無関係で、重要なのはその**タイミング**である。

先に述べたように、登場人物はその行為によって理解される。まるで後を追っている人を見るかのように、登場人物を思い描くのだ。群衆の中に飛び出た頭、角を曲がる上半身、見逃してしまいそうな足元……。フィクションにおいて、このバラバラな部分を集める行為は、実生活で人と場面を一致させる方法と似ている。

時折、何度も噂を聞いた人に実際に会うと、**思っていた人と全然違う！**　と思うことがある。

小説の登場人物も、実際に描写される**に至るまでも**存在感がある場合、同じような感覚を抱くのだ。

(『ジェーン・エア』のリード夫人にも同じ感覚を抱いた)

VIVIDNESS

鮮やかさ

ウラジミール・ナボコフは、著書『ナボコフの文学講義』で、「ディケンズの〔『荒涼館』での〕文体について最初に気づくことは、彼の強烈に感覚的なイメージである」と言っている。

雲間から日ざしが洩れて、暗い海に銀色の日だまりをつくる……〔ディケンズ『荒涼館』より〕

ナボコフは次のように述べている。

ここで立ち止ってみよう。情景がまざまざと目に浮かぶだろうか。もちろん、浮かぶ。それも常になく大きな認識の戦慄を感じながらだ。なぜなら文学的伝統が描いてきた月並な青い海に比較してみて、この暗い海にできた銀色の日溜りというイメージには、ディケンズが真の芸術家の無邪気な感覚的な目ではじめて気づき、見、そしてただちに言葉に表現したものがあるからである。[18]

＊＊＊

さらにディケンズの引用。

> まもなく待ちに待った光が壁を照らす、クルックが（中略）ゆっくりと登ってくる、緑色の目をした飼猫が彼のあとについてくる。［ディケンズ『荒涼館』より］

ナボコフはこう述べる。

> 猫の目はみんな緑である——が、この目が（中略）蛾燭の光のゆえに、いかに鮮やかな緑色の目と化しているか、とくと注目するがいい。[19]

イメージの特定性と文脈がはっきりしていればいるほど、より鮮明にイメージは呼び起こされると、ナボコフは主張しているようだ。

（はたしてそうだろうか？）

特定性と文脈によって、意味と、おそらくひとつのイメージの豊かさは増すだろう。しかし、そのイメージを経験する時の鮮やかさは増さないような気がするのだ。つまり、このような、作家の配慮や作家による世界の観察や解釈は、私が見ることに力を貸してくれるわけではない。理解の手助けはしてくれるが、見ることは助けてくれない（少なくとも私が、上記のような描写に対してどのような反応をするか検討してみても、作家の世界観をより鮮明に思い描くことはできない）。

読者として、「蝋燭の光に灯された猫の目」は嬉しい。特定されるからだ。しかしこの嬉しさは、**より鮮やかに見えてくる**からではない。私の嬉しさとは、作家が世界をつぶさに観察しているということへの敬意としての嬉しさである。

この2つの感覚は混同しやすい。

＊＊＊

ディケンズの引用。

この男は、（中略）二ペンスを受けとると、（中略）空中にほうり投げ、上からつかむやいなや、どこかにまた姿を消してゆく。

ナボコフはこう述べる。

このジェスチュア、「上からつかむ」という形容語句をもったこの一つのジェスチュア——実に些細なものだが——これで、この男は良き読者の心に永遠に生きることになるのだ。[20]

はたして、この人物は生きているだろうか？　それともその手が生きているだけなのだろうか？

ディケンズは、何らかの世界の真の姿を表現している。この描写の「真」の感覚は、その描写の特定性によるものだ。

作家は、世界をじっくりと観察し、その観察したものを記録する。読み手が、ある小説を「精緻な観察」だと評する時、私たちは、いきいきと描写する作家の能力を賞賛しているのだ。いきいきと描写するということは、次の2つの行為によって成り立っている。ひとつは、作家による現実世界の最初の観察すること。もうひとつは、その観察を文章へ転換すること。文章が「精緻な観察」であるほど、私たち読者はその物や事をよりよく認識できるのだ（繰り返しになるが、見ることと、認識することは別の行為である）。

作家の特定性は、私、つまり読み手に、二重の達成感をもたらす。

1.「銀色の日溜り」のような細かい部分に気づくほど世界をじっくりと観察した（なぜなら覚えているから）。

2. 私は、それほどうまく言い換えられた細部を引き出す作家の芸術性がわかるほど洞察力に優れている。私は認識することの感動を得ることができるだけでなく、自己満足の喜びも体験できるのだ（埋没しているが、確かにある）。ナボコフが先の文章で「良き読者」に言及しているところに注目してほしい。

＊＊＊

作家が「とらえた」物は、現実の世界で、その事や物が存在していたはずの文脈から外される。作家は、海で（または「銀色の日溜り」で）波を見たとしても、その波について言及するだけで、その波は海という文脈から外れ、「波」単体として固定させることができる。その波は、それを取り囲む個性なき水の集合体から外される。この波を取り出し、「波」という言語で固定させることによって、流動体としての波ではなくなり、まるで静止画のような**不動の**波になる。

読み手はディケンズの「銀色の日溜り」を、彼の顕微鏡を通して見る。ディケンズはこの出来事を取り出して、設置し、まるでスライドガラスの上の溶液のように収容し、読者のために拡大してくれたのだ。私たちが見ているものは、せいぜい、顕微鏡のレンズを通して歪んだ像だ。最悪の場合は、その顕微鏡のレンズそのものしか見えていない（科学哲学の言葉を借りれば、我々はその物を観察しているのではなく、我々がその物を観察するために組み立てた道具を観察しているにすぎない）。

「微細に観察」された文章を評価する時、私たちはその解釈が喚起する効果を評価しているのか、それとも、道具の美しさを評価しているのか、どちらなのだろう？

私たちは、その両方だろうと想像する。

＊＊＊

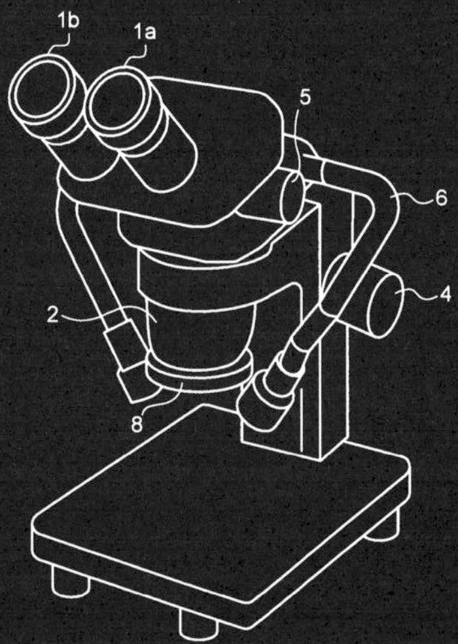

より綿密で、読む際により注意深く、熟考が必要な描写が必ずしもより鮮明であるというわけではない。そういう描写は、より説明的と言えるかもしれないが、完全で同時性のあるゲシュタルト（形態）を形成するわけではない。

マーク・トウェインのこの長い段落を読んでみて欲しい。

> 最初に見えたものは、ずーっと向こうの水の上に見えてきたものは、ぼんやりとした線のようなものだった——それは向こう岸の森だった——そのほかにはなんにも見えなかった。そのうちに、青白いところがひとつ、空に見えてきた。それから、その青白いところが多くなって、まわりにひろがっていった。それから河が、やわらいできた。ずっと遠くのほうでだ。そして、もう黒くはなくなって、灰色になった。（中略）ときどき、櫂のきしる音が聞こえてきた。さもなければ、ごたまぜの人間の声だ。あたりがすごく静かなもんだから、いろんな音が、ずっと遠くから聞こえてくるんだ。そのうちに、筋が一本、水の上に見えてきた。その筋の様子から、沈み木がその辺の速い流れの中にあって、そのために流れが沈み木の上で砕けて、その筋にそんな様子をさせているんだ、ってえことが分かった。それから、霧が、水の上でうずきを巻きながら昇ってゆくのが見えた。すると、東のほうが赤くなった。そして河も赤くなった。そして、丸太小屋がひとつ、森の端に見えてきた。ずーっと遠くの、河の向こう側の土手の上にだ。[21]

あなたはここに書かれたものが全部見えただろうか？　私はこの文章を読み、ぼんやりとした線が見えた。それから、広がる青白さ、それからきしる音が聞こえた。声も。それから流れも……。

作家がどれだけ、人物や場所の外観についての詳細に描写しても、読者の心に描くイメージをより鮮明にしたりはしない（これらの像に**ピントが合う**わけではない）。しかし、作家が書く詳細の度合いは、読者が**どのような種類の**読書体験をするかを決定づける。言い換えれば、文学における、特性の列挙は、**言葉を用いて表現する（レトリカルな）**力を持っているかもしれないが、言葉を連結させて意味を表わす力は欠けている。

説明的な長文は何かを意味すると思っている。たとえば、カルヴィーノの『見えない都市』では、ゼノビアという都市について詳細に描写している。[22]

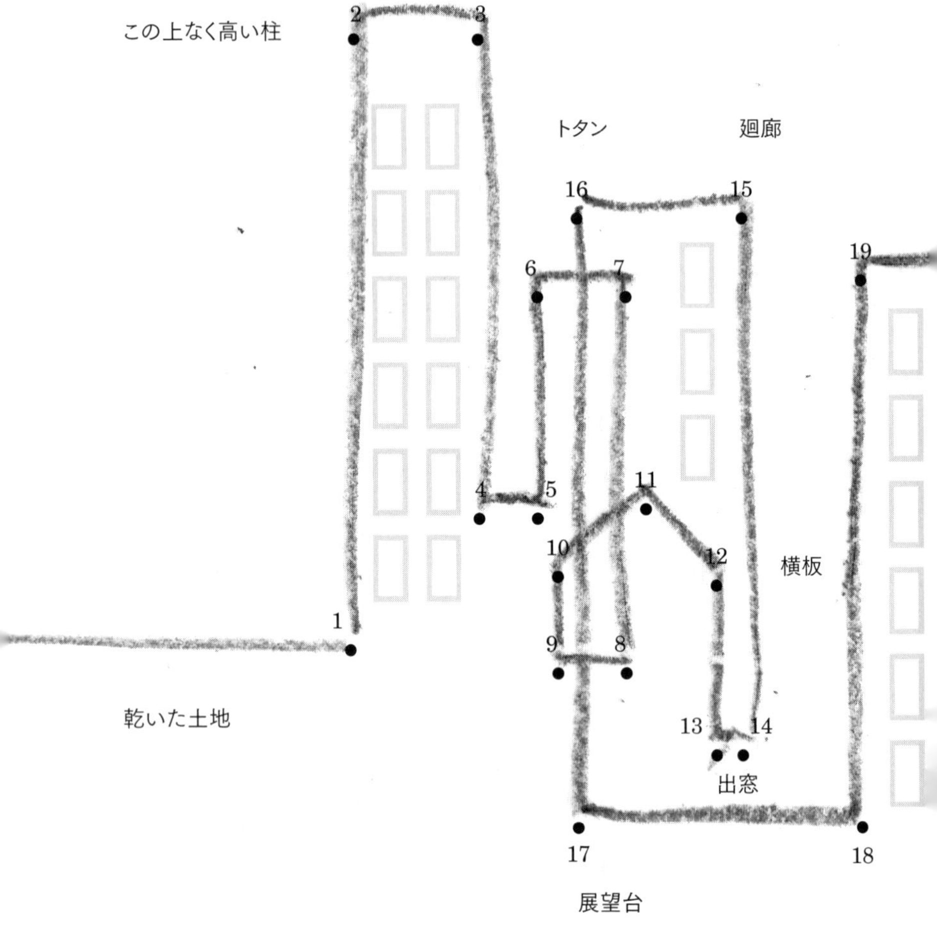

「私にとって、物語の中で主要なものは、（中略）ものの順番、（中略）模様、均整、そのものの周りに置かれたイメージのネットワークなのだ」

——イタロ・カルヴィーノ『ル・モンド』紙（1970年8月15日）

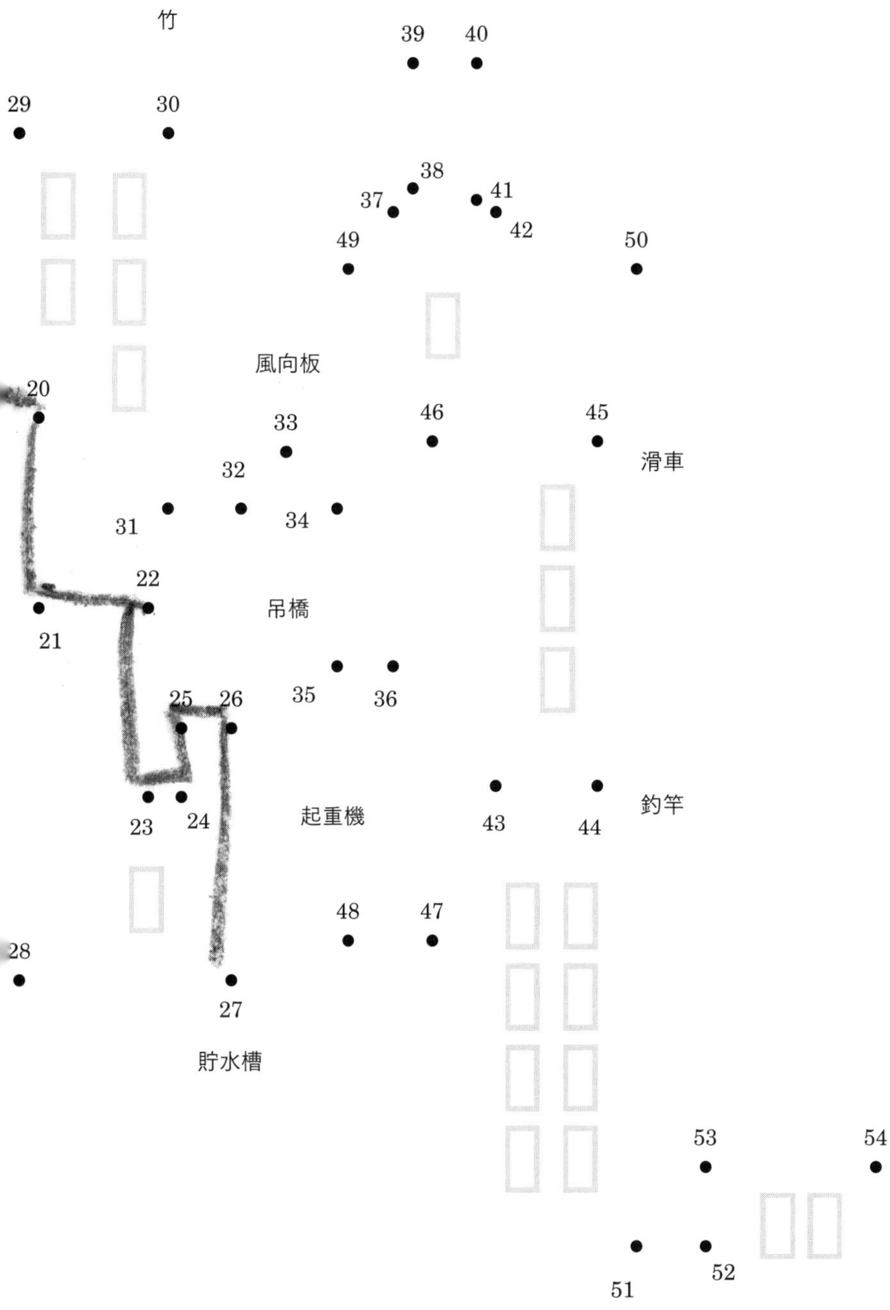
竹
風向板
滑車
吊橋
起重機
釣竿
貯水槽

描写は加法的ではない。トウェインの水の上の霧は、私が頭の中で丸太小屋を思い描く時までは残らない。「丸太小屋」という言葉に到達するころには、霧のことは完全に忘れている。*

しかし見えているもの（光景）は加法的であり、同時発生的だ。

＊ホルヘ・ルイス・ボルヘスは、文学の描写において書き連ねられている本質的に異なる要素を*disjecta membra*というラテン語で「散乱した（または、ばらばらになった）部分」もしくは「壊れた陶器片」にたとえた。

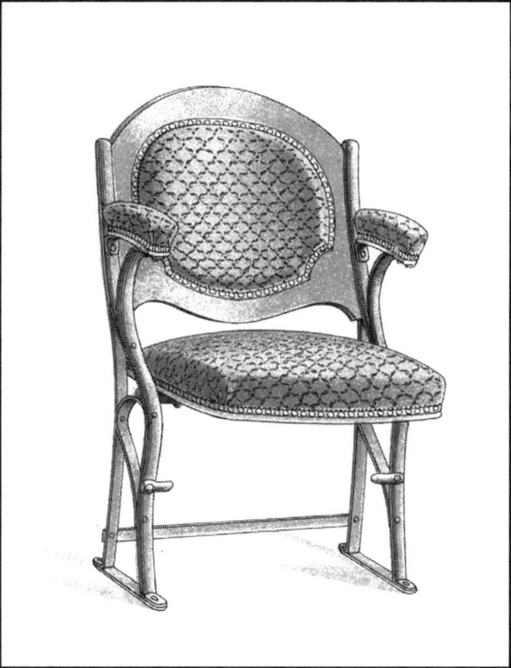

（私たちは、椅子を見ることをせずに、
の椅子が何色なのか知るためにまわりをうろうろする）

Red

（おそらく、もし「椅子は赤い」と言われて、再度椅子について言及されたら、「ああ、あの赤い椅子か」と思うかもしれない）

カルヴィーノのゼノビアの都市は詳細に説明されている。しかしクローエの都市は詳細さに欠ける。ここで、カルヴィーノは私たちが空想することを許している――むしろ駆り立てている。

1

享楽的なおののきがたえず揺り動かしている

この場合、読者は黙することの力を体験するのである。

X

もっとも貞潔な都市

［イタロ・カルヴィーノ『見えない都市』より］

ふたたび『見えない都市』からの引用。

マルコ・ポーロはとある橋の姿を、その石の一つ一つに至るまで、描写している。「だが、その橋を支えている石はどれか?」と、フビライ汗がたずねる。「橋は、

長い描写の中からイメージ（またはひとつひとつの言葉）を見てとることはできないかもしれない……

あれこれの石一つによって支えられているのではございません」と、マルコは答えて言う。「その石の形づくるアーチによって支えられているのでございます」[23]

……しかし、言葉ひとつひとつ（またはイメージひとつひとつ）は**重みに耐える力**を備えているのかもしれない。

手が込んだ、多彩な描写は読者に間違った解釈をさせてしまう可能性がある。そういった描写は、読者に特定の意味深いなにか（人物や設定、世界観そのものについて）を伝えようとしているように思えるのだが、それは多分、可視化させようとしているものから逆の方向に行ってしまう。

より色鮮やかだということは、より信憑性が薄いということに等しい

作家のギルバート・ソレンティーノは、ジョン・アップダイクの『日曜日だけの一カ月』を厳しく批判している。

> 目的が「鮮明な」文章であるならば、表面的ににぎやかであれば何でもありのようだ（中略）。作品は、イメージの連鎖の重責に耐えかねてねじれ、バラバラになり、しばしば同時に、その描写によって顕現させるはずの現実感を隠してしまう。たとえばこのように。「牧師用郵便箱の受け口を通して、まるで雌牛の尿の出口から放出される尿のように流れ込んでくる宗教関係のニューズレターや季刊誌」

このような文章は、ソレンティーノいわく「派手で無意味」なのだ。

郵便箱の受け口の部分と、牛の尿の出口の関係がはっきりとわからない。2つの物は、読者の心の目の焦点を合わせるために比較対象にされているのだが、実際には逆のことが起こる。読者は、それぞれに際立った2つのイメージを（この場合はその奇怪さを）見るだけである。

対照的に、ジャン・ジオノの描写はこうだ。「そこで俺はあんたに言った。『あの上を見ろよ、あのオリオン座の人参の花を。小さな星の花束を』ってね」[24]

私には花が見える。それから星々が夜空に輝き広がるのが見える。花それ自体は私の心の中の夜空には現われないが、その花は、星がどのように並んでいるかを教えてくれる。*

（ジオノは「白い星の小さなかたまり」と書いてもよかったわけだが、この描写では彼の実際の文章と同じようには輝かないのだ）

＊＊＊

＊私にとって、アップダイクの郵便箱受け口よりも、ジオノの星の方が明瞭だ。それは、ジオノが私に星を見せたいからかもしれない。対して、アップダイクは、私に……何を見せたいのだ？　散文だろうか？　ジオノの花と星は釣り合いがとれていて、ひとつのイメージが、もうひとつのイメージを補ってくれる。

PERFORMANCE

演奏

読書が進み、その体験の中に沈んでいくと、演奏のようなものが始まる……

読者が本を演奏する――読者が本の解釈を演奏する。
読者が本を演奏し、読者がその演奏に参加もする。

（読者は指揮者であり、オーケストラであり、観客である）

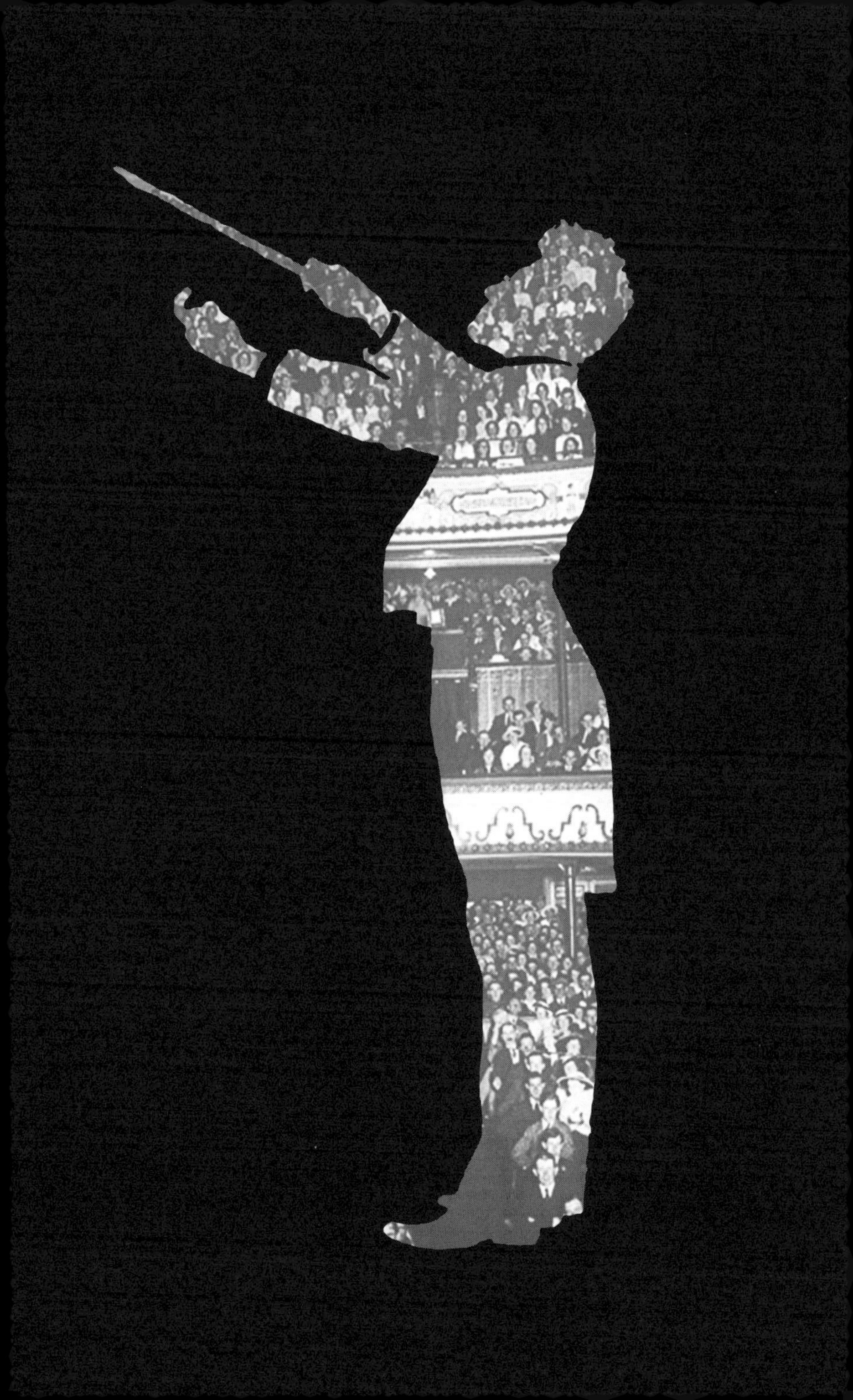

私たちは本を読む時に、自分にはすべてが見えていると信じることが大切だ。

自分でピアノを弾く時は、ピアノの曲を聴く時とは逆に、自分のミスが聴こえない。私の頭は、理想化された演奏を想像することで忙しく、実際に楽器から出ている音は聴こえないのだ。このように、ピアノを弾くという演奏的な要素が、私の**聴く**という能力を妨害する。

FIG. 6

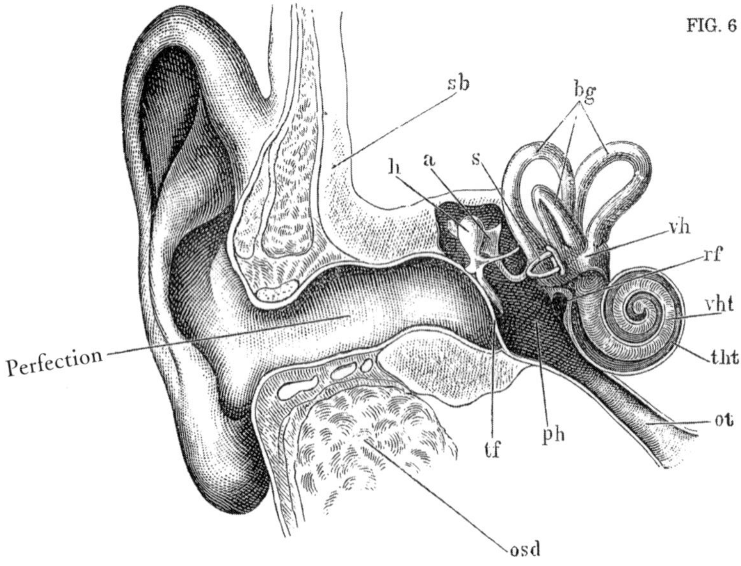

同様に、私たちは本を読む時に、見ていると思っている。

私たちの解釈には根本的な跳躍がある。

良き読者であれば、文章のどこに必要な情報があるのかがわかる。

跳躍を取りまとめて演奏するのは、読書というパフォーマティブな芸術に不可欠の部分であるが、読んだ本について思い出す時、その跳躍の部分をもっともらしく解釈して納得するのだ。

フィクションが線的だというのは、我々が一直線に読むということではない。[redacted]

[25]

* * *

[redacted]目はあ
ちこちを見る。[redacted]

[25]

＊＊＊

フィクションが線的だというのは、我々が一直線に読むということではない。[redacted]目はあちこちを見る。[redacted]元に戻ったり、先を読んだりし[redacted]

[25]

＊＊＊

フィクションが線的だというのは、我々が一直線に読むということではない。目は、思考と同様にあちこちに飛ぶ。プルーストは読書とは「両目の狂おしい疾走」だと言っている。目はあちこちを見る。読書の速度が早い人、つまり、文章のどの部分に探している情報があるかを難なく見つけられる人ならば、元に戻ったり、先を読んだりしている。スキャニングするように、ざっと読む場合は、登場人物と、その身体的特徴をスキャンしている。これらを見つけるためだけに読んでいるとも言える。しかし、このように実体的なディテール以外をすべて削るような読み方をすると、**すべてを**読み逃してしまわないだろうか？
[25]

＊＊＊

[redacted]

1

[redacted] 司祭 [redacted] 十歳ばかりの
少年 [redacted] 獅子鼻の顔 [redacted] 首が長く突き出された。 [redacted] 黒衣の人物 [redacted]

［ボリス・パステルナーク『ドクトル・ジバゴ』冒頭より］

SKETCHING

素描する

オリバー・サックスが著書『見てしまう人々』の中で述べているように、当然のことだが、「人は目で見るのではなく、脳で見る」。

そして人間の脳は、視覚器官によるさまざまな視覚情報の処理を無意識に行なっている。

私たちは不完全な素描を完成させる。読書は素描行為のようなものであり、読みながら、内容の空白を埋めたり、ニュアンスをつけたり、色づけをしたりするのだ。

私たちの思考は、共通点のない部品を統合して、単なる輪郭に過ぎなかったものから絵を描く（ここでは、意味としてのプロセスを説明するために視覚的な比喩を用いているにすぎないが）。*

*「ひとが命題によって何ごとかを表象することなど命題に従ってあるスケッチを画くことと同様、命題の理解にとって少しも本質的なことではない」

——ルートヴィヒ・ウィトゲンシュタイン『哲学探究』[26]

12
2
10
4
10
9
10
2
7
3
9
12
5

The Metamorphosis

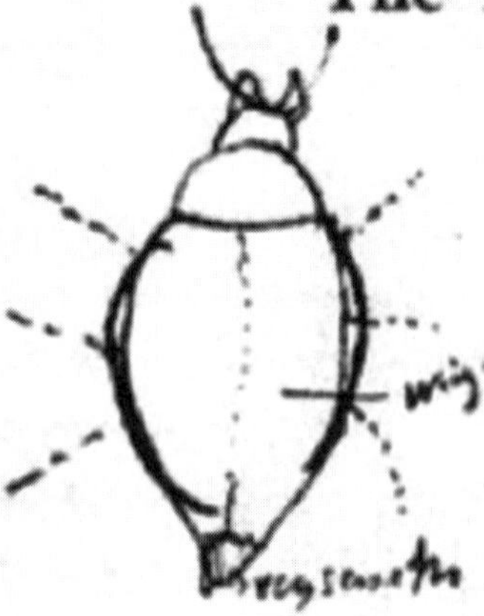

I

As Gregor Samsa awoke one morning from unea
dreams he found himself transformed in his bed into
gigantic insect. He was lying on his hard, as it we
armor-plated, back and when he lifted his head a litt
he could see his dome-like brown belly divided into st
arched segments on top of which the bed quilt cou
hardly keep in position and was about to slide off co
pletely. His numerous legs, which were pitifully th
compared to the rest of his bulk, waved helplessly befo
his eyes.

What has happened to me? he thought. It was n
dream. His room, a regular human bedroom, on
rather too small, lay quiet between the four famili
walls. Above the table on which a collection of clo
samples was unpacked and spread out—Samsa was
commercial traveler—hung the picture which he ha
recently cut out of an illustrated magazine and put in
a pretty gilt frame. It showed a lady, with a fur cap

人によっては、内容をより明白にしたり、安定性を持たせたり、登場人物の外見について得た情報をつないでいったりするために、**実際に**読みながらスケッチをする人もいる。ナボコフもそうした（左のスケッチは、ナボコフが描いたカフカの『変身』のグレゴール・ザムザだ）。

＊＊＊

作家のイーヴリン・ウォーはイラストレーターでもあった。ポーは腕の良い肖像画家でもあった。ヘルマン・ヘッセも、ストリンドベリも、巧みな画家であった。エミリーとシャーロット・ブロンテも、ゲーテも、ドストエフスキーも、ジョルジュ・サンドも、ヴィクトル・ユーゴーも、ラスキンも、ドス・パソスも、ブレイクもプーシキンも、絵を描いた。

キップリング

ポー

ボードレール

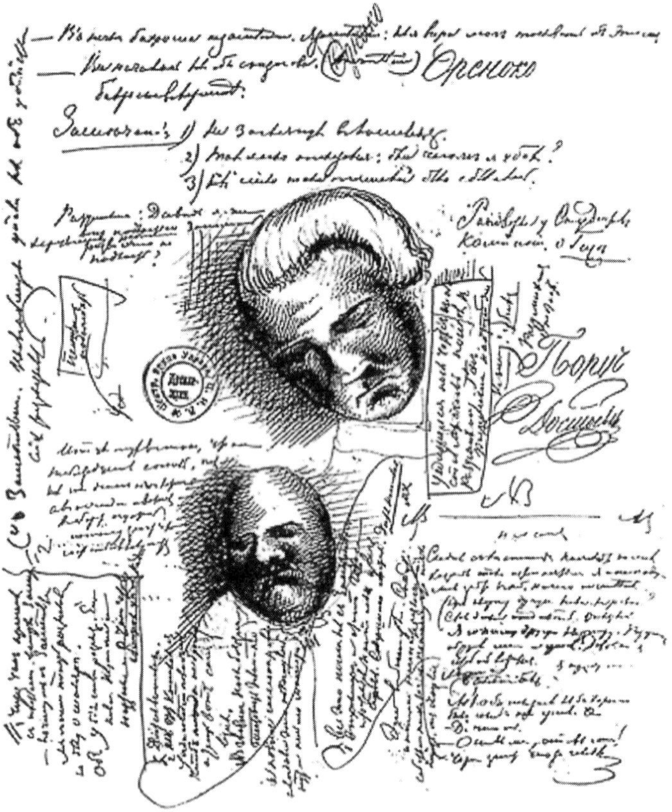

ドストエフスキーによる『罪と罰』のスケッチ

作家が絵を描くのは単なる楽しみのためかもしれない。しかし、作家自身の発見的学習に役立つこともあるのだ。人物や場面を、より鮮やかに言葉で描写するために描くこともある（スケッチをすることは、登場人物の描写に役に立つことがある。なぜなら、作家は、その思考の中の漠然とした内容を描写するのではなく、スケッチの解説をすればよいからだ）。

ジョイスによるレオポルト・ブルーム

これらの絵は、個人的なものだ。作家だけが見るためのものだ（小説の初期の下書きと同じように）。

作家は、適当に落書きする場合もある。ジョイスはレオポルド・ブルームのぞんざいな落書きを残したものの、それを読者に見せようと思っていたわけではない。*

（ジョイスのこの落書きは、彼がレオポルド・ブルームを言葉で描写したものに影響すべきではないし、私自身のレオポルド・ブルームのイメージとはまったく似通っていない。ジョイスによるブルームのスケッチは漫画だ）

そして、概して偉大な作家の言葉の才能と、その芸術的な試みとの間にある大きな落差は、複数の媒体（メディウム）を駆使

＊ジョイスは、アンリ・マティスが『ユリシーズ』の挿絵を描くことを承諾している（マティスはジョイスの著作を読んだことがなく、それよりも、ホメロスの文章を描写することを好んでいたようだ）。

（ウィリアム・フォークナーによるドローイング。ここからは何も学ぶことはできない）

して相互作用を狙うことが無駄であると明示している。たとえば、フォークナーの散文調と、彼の絵のスタイルはまったく別種のものだ。

カフカは、ヨーゼフ・K〔『審判』〕と思われる人物、もしくは似たような人物（それともカフカ自身？）を描いている。

チェコの詩人グスタフ・ヤノーホは、カフカの絵に関連したこの出来事を次のように書いている。

私が近づくと、彼は用紙の上に鉛筆をおいたが、そこには投げやりな筆のスケッチで、奇態な絵が紙を埋めていた。

「絵をお描きなのですね」

ドクトル・カフカは微笑って言訳をした。「いや、これはいい加減ながらくたです」

「見せていただけますか。僕は——ご存知のように——絵に興味があるんです」

「しかしこれは、人に見せられるような絵ではありません。まったく個人的な、だから読み取ることのできぬ象形文字にすぎないのです」

　彼は用紙をつかむと、両手でくしゃくしゃに丸めてしまい、机の脇の屑籠に投げ込んだ。

「私の図形には正しい空間のプロポーションがない。それ自身の水平線というものがない。私が輪郭を捉えようとする形象の遠近感は、紙の一歩手前に、鉛筆の削ってないほうの端に——つまり私の内部にあるのです」[27]

カフカが自分のスケッチについて言っていることのほとんどが、彼の物語にも言えることだろう。カフカは、マックス・ブロートに、自らの文章、つまり「紙」の領域を超えて存在する水平線を破壊するように命じた時［カフカはブロートに死後自分の未発表の作品はすべて焼却するように頼んでいた］、同様の理論的解釈を与えたのだろうか？　カフカのスケッチが、彼の文章と同じくらい**意味深長だ**というわけではないが、これらの絵がカフカの文章を解釈する方法を示しているのではないかと思うのだ。

＊＊＊

作家によっては、自らが作り出した世界の素材をスケッチする。時にそれが挿絵になったりもする（こういった作家は作家兼挿画家だ）。ウィリアム・サッカレーがそうだ。図は、著作『虚栄の市』の、サッカレー自身による挿画である。

短編でも長編でも、小説に実際の絵が伴っていれば（挿絵付き小説）、読者は心の中でイメージを思い描く重荷から解き放たれる。ヘンリー・ジェイムズは『黄金の盃』の序文で次のように述べている。

> 責任を自覚している散文から、人前に出して立派で面白くなければならない、そして問題が絵画性にあれば、何よりも「それ自体で」絵画的であらねばならないといった義務を免じてくれるようなものは、何であれその散文に最悪の影響を与える。[28]

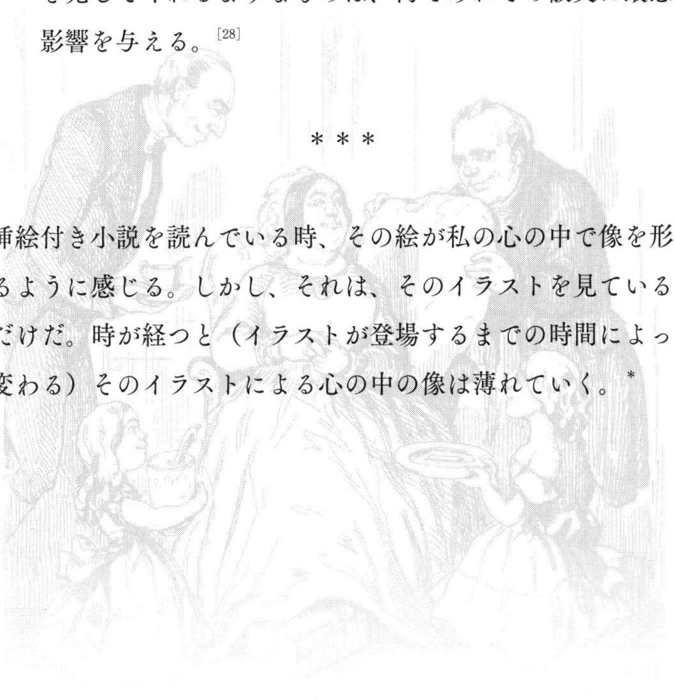

＊＊＊

挿絵付き小説を読んでいる時、その絵が私の心の中で像を形作るように感じる。しかし、それは、そのイラストを見ている時だけだ。時が経つと（イラストが登場するまでの時間によって変わる）そのイラストによる心の中の像は薄れていく。*

＊しかし、すべてのページにイラストが挿入されているなら話は別だ。そういった場合は、誰かの想像を背負わされることから逃れる方法は皆無だ。

ウィトゲンシュタインは次のように述べている（『哲学的文法』より）。

「われわれが思い出のなかからある事柄を物語っているとき、多くの場合に記憶像を見はする。しかしそれらはたいてい、童話の本のさしえのように、記憶のなかに散在するだけである」[29]

これは正しいように思う。そして本を読んでいる時の想像にもあてはまると思う。しかし疑問は未だに残る。

物語の**イラストのない部分**では何を**見る**のだろうか？

SKILL

技

スケッチは、その主体にどれだけ忠実か、もしくは、その空想の相対的な度合いによって判断されるかもしれない。しかし、スケッチの質は、ほとんどの場合、それを描いた人の技術によって決まる。これは、私たちが物語から作り上げていく想像上のイメージ、つまり頭の中のスケッチにも言えることだろうか？ある読者は、別の読者よりも鮮明な想像をするのだろうか？または、読書における想像力は、誰に対しても普遍的に、一律に与えられたものだろうか。

私は、想像とは視力のようなものだと思う。つまりほとんどの人間が持つ能力である。しかし、もちろん、視覚を持つ者が全員同じ視力で見ているわけではない……。

1	A	20/200
2	N N	20/100
3	A K A	20/70
4	R E N I N	20/50
5	A A N N A K A	20/40
6	R E N I N A A N N	20/30
7	A K A R E N I N A A	20/25
8	N N A K A R E N I N A	20/20

視力検査表

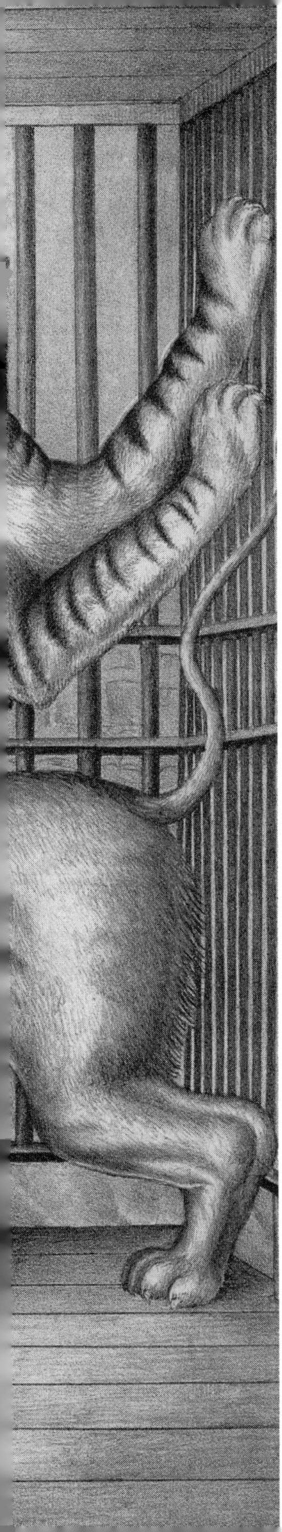

私たちは時折、誰かについて「なんて想像力豊かなんだろう」などと言うことがある。これは「なんて**クリエイティブ**な人なんだろう！」という意味か、「なんて**頭のおかしい**、嘘つきなんだろう！」という意味だ。どちらの場合も、その人物の何かを生み出す能力についての評価である。作家の想像力を賞賛する時、私たちが褒め称えているものは、その**作家**の、自分が見た光景を**転写する**能力なのだ（その作家の思考が私たちのそれよりも自由だということではない。むしろ逆かもしれない。その作家の思考が奔放ではないがゆえに、抑制し、手なずけて、ページという柵の中に入れておくことができるのだ）。

小説やその中の住人たちは、私たちの想像力が乏しいがゆえに大ざっぱなものに感じるのだろうか？

子供は絵本を読む。10歳前後になると挿絵付きの物語を読むようになる。そして、中高生になると童話を卒業して、文字だけの物語へ移行する。私たちは言語をゆっくりと、段階にわけて読むことを学ぶからこそ、このプロセスは存在する。しかし

挿絵の助けなしに物語を思い描くことを、時間をかけて学ぶことも必要なのではないだろうか（想像力は、時間をかければ上達するのではないだろうか）。

とすると、練習して絵を上達させることができるように、**想像力も**練習すれば上達させられるのだろうか？

もし、読者によって想像力に優劣の差があるならば、文化によっても想像しやすいものと想像しにくいものという差があるだろうか？

私たちが想像するために使う筋肉は、その文化が成熟するにつれて衰えるのだろうか？　写真や映画が発明される前、人間は今よりもうまく、鮮明に想像していたのだろうか？　人間の記憶力は退化している。私は視覚的創造力も同様なのではないだろうかと考える。今日の文化での、行き過ぎた視覚的な刺激は広く議論されているが、この行き過ぎた刺激という事実から導き出された結論は、憂慮すべきものである（想像力は衰退していると言う者もいる）。想像力の状態が相対的に良好であろうがなかろうが、私たちは読書する。写真や映像によってイメージが急増したからといって、私たちは文字から遠ざかったりはしなかった。本というものが映画やテレビといったものからは得られない唯一無二の喜びを与えてくれるから、人は本を読むのだ。

本は、私たちにある種の自由を与えてくれる。本を読む時、精神的に活動的になることができる。私たちは物語の（思い描く行為の）正真正銘の参加者なのである。

あるいは、あいまいで**不完全な**想像を超えられないことが真実ならば、それこそが、文字による物語が愛される究極の理由ではないだろうか。つまり、時に我々は**見たくない**のだ。

あの頃「映画」などなく、観劇が許される機会はごく稀であった。しかし、文字を学べば、長い午後に、心ゆくまでジェイン・ポーターの『Scottish Chiefs』（スコットランドの長たち）を読みふけることができる。このような読書の楽しみ方の美徳は、時間をかけてすべてを想像できた点だ。ヘレン・マーが美人だと教えてもらう必要はなく、ただ彼女が、魅惑的な声色で「あら、ウォレス！」と言えば、彼女がスコットランドで一番美しい女性だったということがわかるのだ。

——モーリス・フランシス・イーガン
『Confessions of a Book-Lover』（本を愛する者の告白）

CO-CREATION

共同創作

美術史家のエルンスト・ゴンブリッチは、美術鑑賞において「純粋な目（innocent eye）」などはないと言う。イメージを先入的な知識もなく受容するということはあり得ない。これは読書にも言えることだ。画家や文筆家、ビデオゲームで遊んでいる者でさえ、本を読む者と同様に、私たちは選択をしている——私たちには**行為主体性**がある。

私たちは、共同創作をしたい時、本を読む。参加したい、そして所有もしたい。そんな時、本当らしく見えるものよりも、スケッチが欲しい。なぜなら少なくともスケッチは、**私たち自身が描くから**。*

＊＊＊

＊それでも、読者は物語の中に「埋没したい」などと頑なに主張するのだ……

ΌΣ ΤΑ ΚΛΕΙΝ'
ΑΙΝΙΓ ΜΑΤ
'ΗΙΔΕΙ ΚΑΙ
ΚΡΑΤΙΣΤΟΣ 'ΗΝ
ΑΝΗΡ
EX LIBRIS
SIEGMUND FREUD

「そして実際、それこそすぐれた書物の、偉大ですばらしい一つの性格なのである」[30]。プルーストは、読書についてこのように語っている(読書についてというよりむしろ「ラスキンを読むことについて」、という方が正しい[ラスキンの『胡麻と百合』をプルーストがフランス語に訳した時に寄せた序文からの引用])。「つまり、(中略)作家にとって『結論』と呼ばれうるものであっても、読者にとっては『はげまし』の別名でありうるということだ」[31]

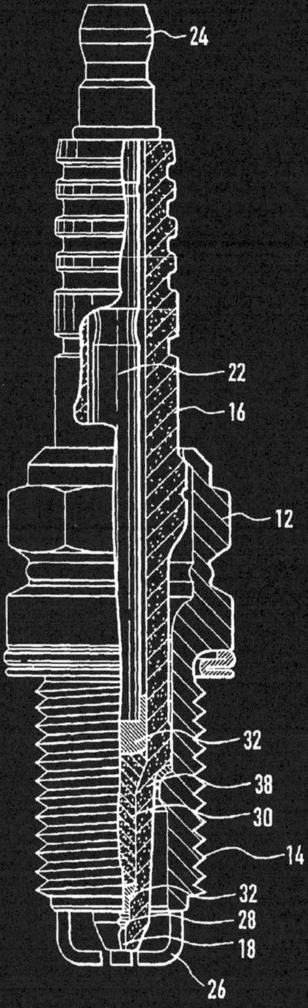
24
22
16
12
32
38
30
14
32
28
18
26

良い本は、作家が提案したものに書き加えていくように、読者の想像力を**誘発**する。この共同創作の行為やパーソナライズ(個人化) がないと、読者には次のようなものしか与えられない……

←――――――――――――― これがアンナ・カレーニナだよ。

(このような写真は、私たちから何かを奪っていはしないだろうか)

＊＊＊

私たちは、本の内容を想像する時、その本が与えてくれる流動性や気まぐれを望んでいる。見せてもらいたくないものもあるのだ。

カフカは『変身』の出版元に、装丁家が「虫」の外見を描写しようとする可能性があることを案じて、次のような手紙を書いている。

> だめだ、絶対にだめだ！　虫そのものを描いてはいけない。遠くからの姿すら見せてはならない。

この禁じ方はいささか常軌を逸している。カフカは、読者の想像的な行為を守ろうとしていたのだろうか？　カフカの翻訳家の一人が私に語ったのは、カフカは読者に、**内側から外側を見るよう**に、虫を見てほしかったのではないか、ということだ。

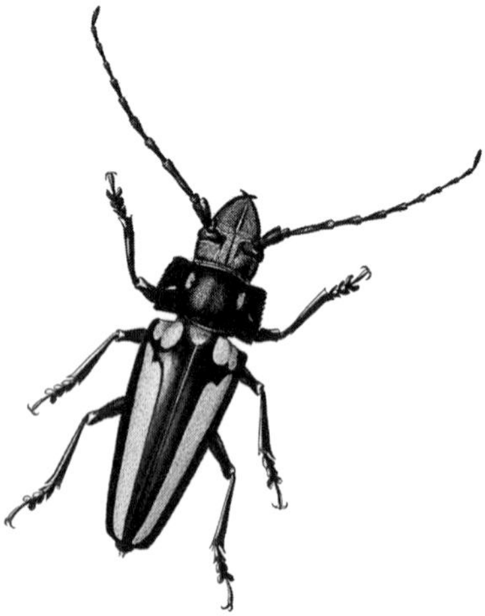

別の選択肢もある。視覚化は読者側の努力を要求するが、読者は描画的なものを拒絶して概念的なものを**選ぶ**こともできる。

世界を（その歴史や地理を）知れば知るほど、読者が「作家の世界観」だと思うものへ近づくことができる。私は、ヘブリディーズ諸島〔『灯台へ』の舞台〕を訪れたことがあるかもしれない、もしくはその島々を描写している他の本を読んだことがあるかもしれない。当時の衣装や内装の絵や写真を見たことがあるかもしれないし、ヴィクトリア時代の道徳規範について学んだことがあるかもしれない……こういった知識があるということは、ラムジー夫人の応接間、食堂について、ある程度の迫真性をもって想像するのに役立つのだ。

物語の舞台に対する作家のイメージは、私たちが簡単に写真や絵画で確認できるような、現実世界の場所に基づいているのかもしれない。『灯台へ』の家や舞台設定は、ヴァージニア・ウルフ自身が過ごした実在の場所なのだろうか？　私は調べてみたい衝動に駆られる（作家である私の友人は、『灯台へ』を読んで調べてみた）。スカイ島の灯台の写真を見つければいいだけのことかもしれない。しかし、それは私から何かを奪ってしまわないだろうか？　私の中にあるこの本の光景は、真実や事実を知ることで、個人的な親密さや愛着から得られる何かを失ってしまう（私にとって、大勢の客人を迎えるラムジー家の夏の別荘は、私の家族が夏を過ごすために借りるケープコッドのごちゃごちゃして騒々しい別荘と似ているのだ。このケープコッドのイメージは私のイメージの基礎となっていて、私と本を結びつけてくれる）。友人は、ウルフのヘブリディーズ諸島の家を説明してくれようとしたが、私は止めた。**私の**ラムジーの家は感覚であって、写真ではない。そして、その感覚を失いたくない。**事実**に取って代わられたくないのだ。

たしかに、その家は感覚**のみ**ではないかもしれない……しかし感覚は、イメージより優位である。

私の中の、ラムジーの家の概念とそれが喚起する感情は、原子の核のようなものであり、その周囲をさまざまな音やイメージが飛び交っている。それはパーソナルな関連づけの連続体なのだ。

読書しながら見るこれらのイメージは、個人的なものである。私たちが**見ることのないもの**が、作家がその本を書く時に描写したものである。つまり、すべての物語は変換されるべく、想像的に解釈されるべく書かれているのだ。その連想的に解釈されたその物語は、私たちのものなのである。

＊＊＊

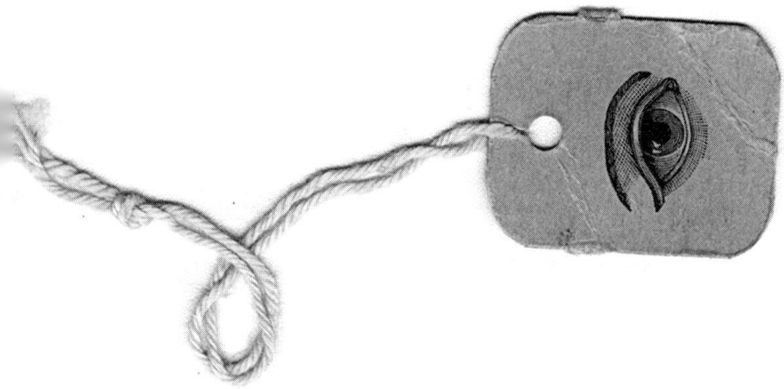

私の友人で、ニューヨーク州のオールバニの郊外で育った友人がいる。彼は熱心な読書家で、子供の頃から、本を読む時は、物語の舞台を彼自身の地元の裏庭や裏道に置き換えていたそうだ。なぜなら、それ以外に参照する枠組みがないからだという。私もそうだ。私にとって、ほとんどの本の舞台が、私が育ったマサチューセッツ州のケンブリッジだった。つまり、たとえば『ジャン・クリストフ』や、『アンナ・カレーニナ』、そして『白鯨』などで描かれた壮大な出来事は、すべて地元の公立学校や隣人の家の裏庭で起きたのだ。長大な年代記が平凡な見方で書き直されてしまうと思うと、不思議を通りこして滑稽ですらあるまいか。遠い国の物語が、意志の力によって強制的に面白味のない野暮な舞台に置き換えられる。それでも、これらの本に対する私の個人的な解釈は、読書体験の個人化という、急激な環境の変化によって衰えたりはしなかった。そして私の友人や私が実行していたことは、座って物語を読む時に、誰もがある程度行なうことなのだ。

＊＊＊

私たちは、慣れ親しんだもので本を「植民地化」する。そして私たちは登場人物たちを本国から追放したり、私たちがより知っている国々へと送還したりするのだ。

私たちは、ノンフィクション作品においても、同じように置き換える。

私がスターリングラード攻防戦についての本を読んだ時は、爆撃、占拠、包囲、解放、そのすべてがマンハッタンで起こっていた。もしくは、もうひとつのマンハッタンで、マンハッタンという鏡を通して、「もしも」で始まる反事実歴史学のマンハッタンで、ソビエト連邦の指令で建てられた建築が立ち並ぶ「マンハッタングラード」で、起きたのだ。

この場合の違いは、実際の場所に基づいたフィクションの舞台設定とは異なり、実際のスターリングラードについての情報を探らなくてはならないという、奇妙な道徳的義務感を感じることだ。私がカスタマイズしたスターリングラードは誤った概念である。そして、場面を親しみのある場所に置き換えることによって、この想像を絶する出来事の、つまり実際に起こった悲劇の、実際の犠牲者と一体感を得ることができたとしても、視覚的に代用するという行為は、どこか無礼で、不適切な気がする。*

＊それでも私はノンフィクションを読むたびに自分を物語に融合させてしまうのだ。どうしても。

South Street Seaport
BURLING SLIP
HIGHWAY
FRONT
Wall Street
PINE
NASSAU
BROAD
HANOVER
COENTIES SLIP
EXCHANGE
EDGAR
Station
MARKETFIELD
BEAVER
STONE
WHITEHALL
BRIDGE
STATE
Bowling Green Park
WESTERN UNION
INTERNATIONAL
BROOKLYN-BATTERY TUNNEL
13
14
15
16
17
Krasniy Oktyabr
Settlement
Mamayev Kurgan
VOLGA
STALINGRAD
Krasniy Buksir
Кр. Буксир
Красная
ВОЛГА
СТАЛИНГРАД

私たちが舞台の演劇を見る時の基準は、それとは異なるものだ。ハムレットは上演のたびに別の俳優が演じるので、ハムレットをどのような外見に思い描こうとも構わないのだ。私たちは**役**としてのハムレットほど、配役に頼ってはいない。ハムレットは明らかに宿るもの、演じられるものである。そしてハムレットの舞台となるデンマークは**舞台装置**なのだ。舞台監督や美術監督の望む場所ならどこになっても構わないのだ。

（おそらく、**役**と**舞台装置**という2つの言葉は、小説を解説する時にも使えるのではないか？）

小説を読むということは、プライベートな演劇を演出しているようなものなのではないだろうか？　本を読むことは、配役をしたり、舞台装飾を施したり、演出したり、化粧したり、振り付けをしたり、興行したり……ということなのかもしれない。

とはいえ本は、演劇と同じような形で**上演**されることはないのだが。

THE READING IMAGINATION

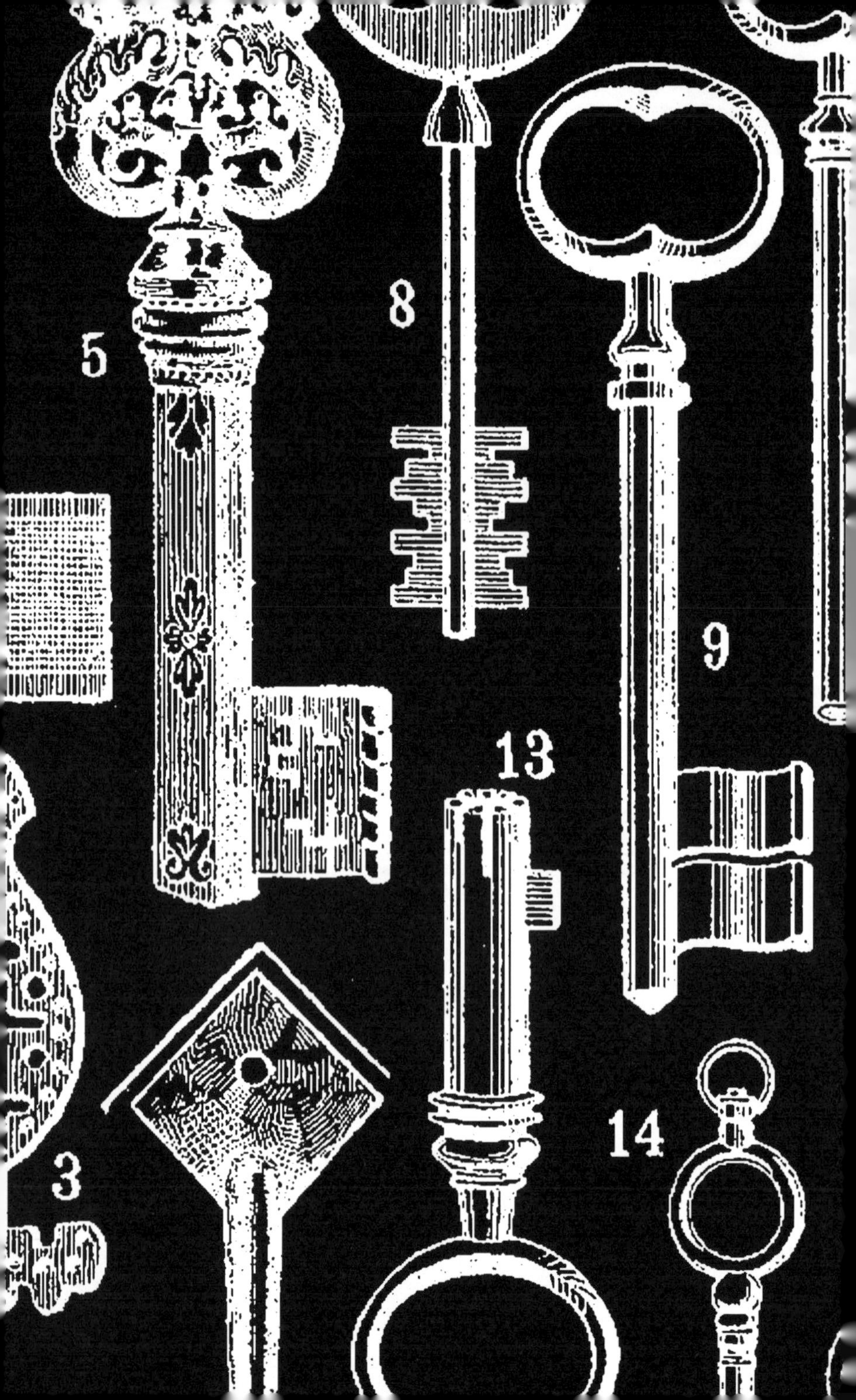
5
8
9
13
14
3

読者は、小説の舞台となっている場所、登場する物、人物が、自分の思い描く場所、物、人物と同一であってほしいと思う。この欲望は矛盾をはらんでいる。この欲望は本人以外立ち入ることのできない極私的な領域にアクセスすることへの欲望であり、一種の強欲である。しかしそれは、その光景を**共有しているという**、孤独に対する防衛策でもある。

（その光景は借り物だと言った方がいいかもしれない。もしくは、盗用と言っても過言ではないかもしれない）

作者　ディケンズ, チャールズ

題名　荒涼館

返却期限	借主名
	Vladimir Nabokov （ウラジミール・ナボコフ）

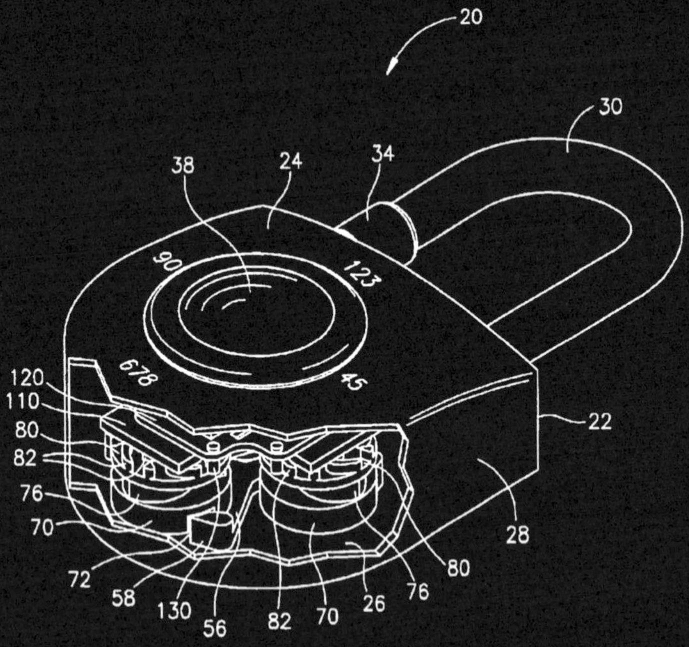
20
30
38
24
34
90
123
678
45
120
110
80
82
76
70
22
28
72
58
130
56
82
70
26
76
80

もちろん、本の中には秘密があるという概念も、読者は大切にしている。つまり本は**無口**なのだ(先述のとおり、本は謎を守っている)。

私たちは本を読む時、望んだとおりに思い描くことができるのだろうか？　読者の想像の領域中での作家の役割とはなんだろう？

共同創作とバルトの「作者を遠ざけること」——

> ひとたび「作者」が遠ざけられると、テクストを《解読する》という意図は、まったく無用になる。あるテクストにある「作者」をあてがうことは、そのテクストに歯止めをかけることであり、ある記号内容を与えることであり、エクリチュールを閉ざすことである。[32]

> 読者とは（中略）ただ、書かれたものを構成している痕跡のすべてを、同じ一つの場に集めておく、あの誰かにすぎない。[33]

作者を「遠ざけること」は、ひとつの理論的枠組み（「意味」の受動的受容）の消滅を描写するだけでなく、当然ながらそこには、別の理論的枠組み、つまり、読者によるイメージの従順な受容の終焉も伴う。結局、実際に作者が遠ざけられると仮定するならば、読者はいったい**誰から**イメージを受け取ればいいのだろう？

＊＊＊

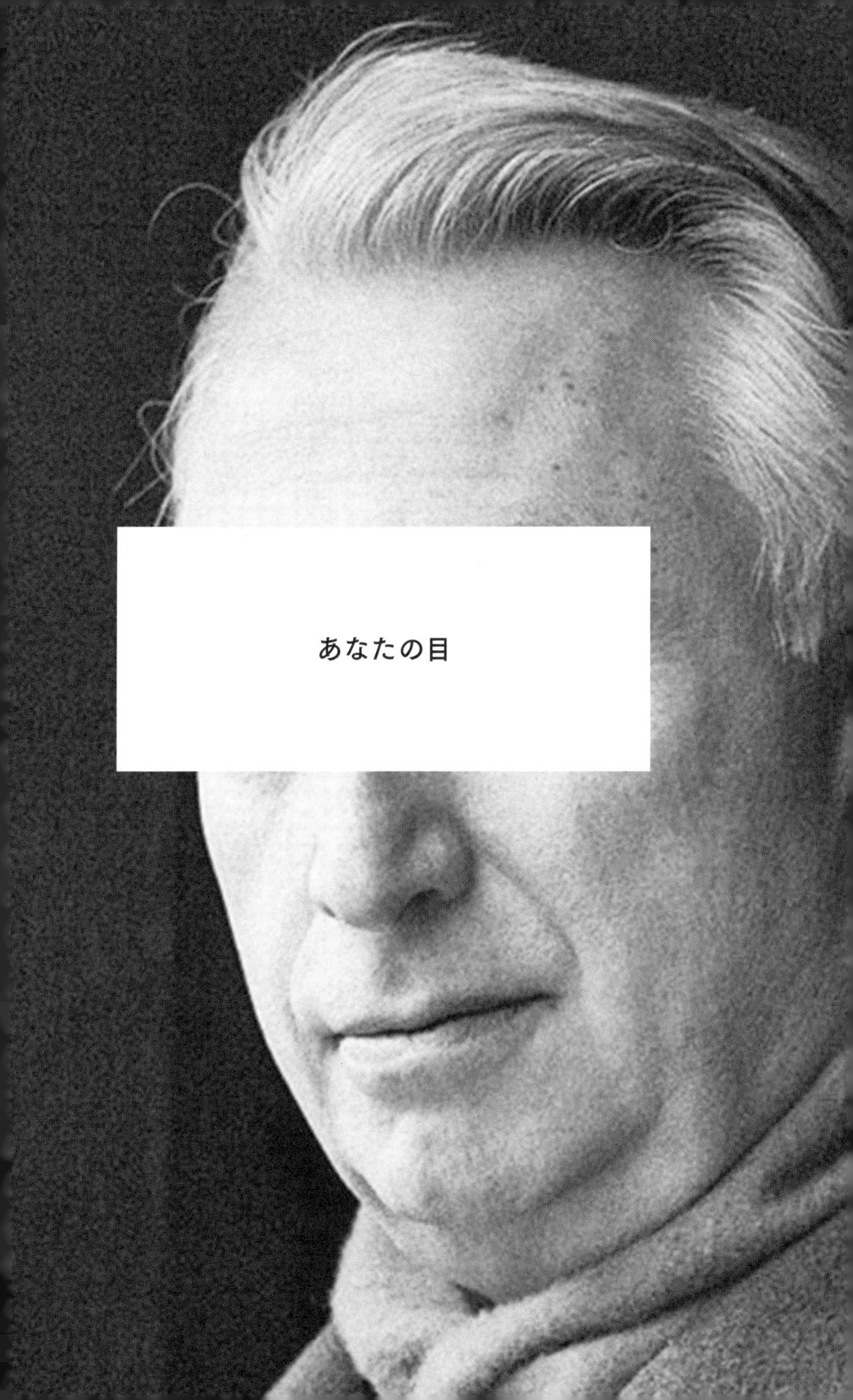

あなたの目

MAPS & RULES

地図と規則

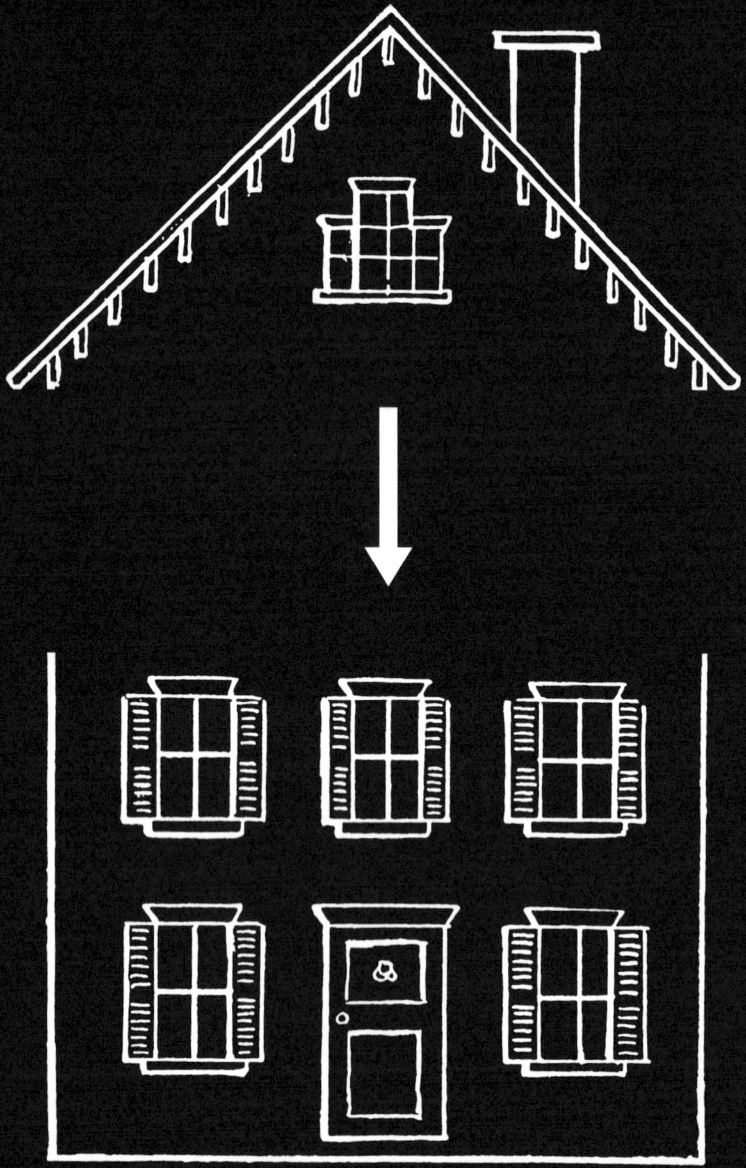

『灯台へ』の本筋はヘブリディーズ諸島の家で展開する。家を描写しろと言われれば、その特徴のいくつかを述べることができるだろう。しかし、私の心の中のアンナ・カレーニナ像のように、この家にしても、雨戸がこのあたりにあって、屋根窓があのあたり、という程度のものだ。

雨が家の中に入ってこないようにするための物がない！　そこで、屋根を想像する。それがスレート〔粘板岩〕製なのか、こけら板〔薄板〕製なのかはまだ決めかねているのだが、こけら板、ということに決めた（読者が何を選ぶかは重要な時もあるし、重要ではない時もある）。

私は、ラムジー家の土地には庭と生け垣があることを知っている。海の景色と灯台のことも。この舞台における登場人物の、ざっくりとした相関図もわかる。私は周辺の地図を作ってみた。しかし地図作成は、思い描くことと同じではない。視覚的に見えるとおりに再び世界を創り直す、という感覚とは違うのだ。

（ナボコフもまた小説の地図作成をした）

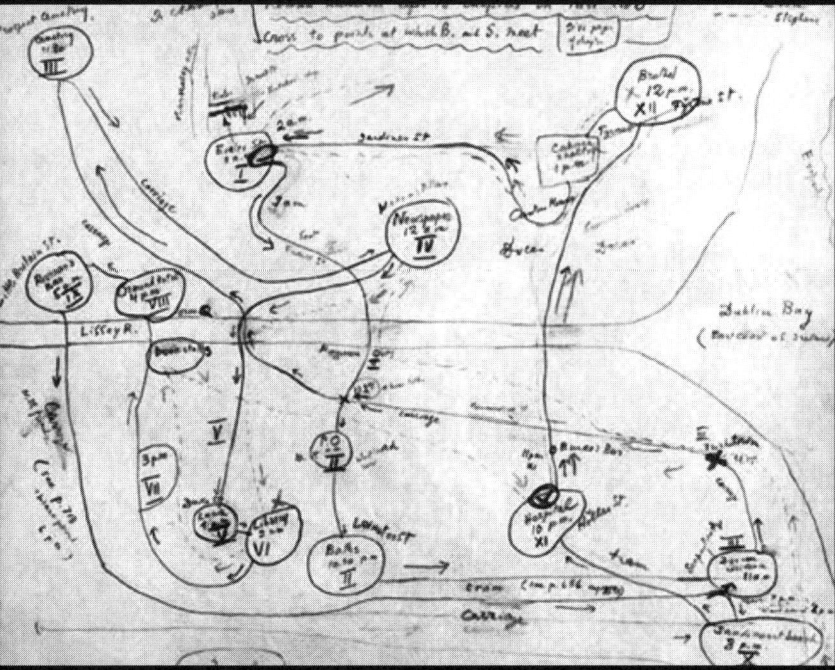
Cross to points at which B. and S. meet
Liffey R.
Dublin Bay
Carriage
tram
Newspaper
Hospital
Brothel
Library
Cemetery
Ormond Hotel

場合によっては、私も地図作成をする。『灯台へ』の地図も作った。

それでもラムジー一家の家を説明することができない。

架空の舞台の地図は、現実の舞台の地図と同じように、機能性がある。たとえば、ある結婚式場までの地図は、絵ではない。つまり、その結婚式場がどんなふうに見えるかという絵ではなく、むしろ、ひとつの指標だ。そして私たちの心の中のラムジー家の地図も同じで、その住人たちの行動を統制している。

ウィリアム・ギャスはこう言っている。

> 我々は確かに視覚化するのだと思う。手袋はどこへ置いた？と思えば、見つかるまで頭の中の部屋をくまなく探す。しかし私がくまなく探している部屋は抽象的で、単なる図式だ。（中略）そしてその部屋を、手袋があるだろうと思われる場所の舞台としてとらえているのだ。

ラムジーの家は、読者が頭の中で**ラムジー家の面々**を何となく配置する、その配置図にすぎない。

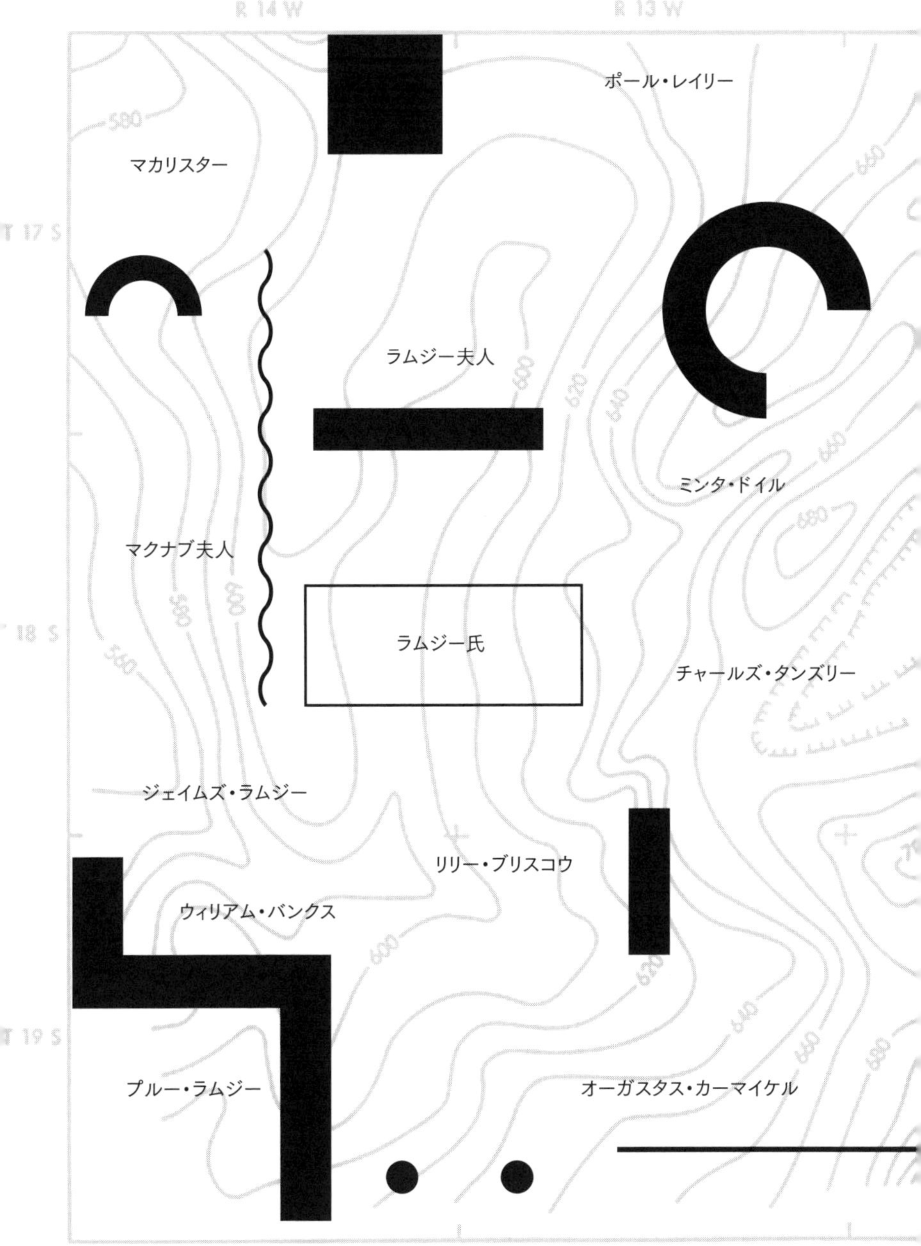

East lie the Iron Hills
where is Dain.
The Lonely Mountain
Here was Girio
lord in Dale
Here of old was Thrain
King under the Mountain
The Desolation
of Sma
Far
the North
are
Grey Mountains
&
Withered Heath
whence came the
Great Worms.
West lies Mirkwood the Great
there are Spiders.

可視性を信憑性と混同する可能性がある。本によっては、イメージを提供してくれているように思えても、実際には架空の**事実**を提供しているだけだ。あるいは、そういった本のもっともらしさや、読者が想像できるかどうかは、ディテールと知識の積み重なりにかかっている。J・R・R・トールキンの『指輪物語』三部作はそのような文章である。本の見返し部分は、読者が「裂《さ》け谷《だに》（リーベンデール）」の場所を知りたくなるかもしれないことを示している。巻末付録は、エルフ語を学んだ方が賢明だということを示唆している（見返しの地図はいつも、読者がまさしくそのような知識にあふれた本／事典に足を踏み入れることを暗示している）。

この種の本は、学識を求める（求められる学識は、この種の長編ファンタジーの大半を占めている）。「中《なか》つ国《くに》（ミドルアース）」の神話や伝説について学ぶのも良いし、その地域の動植物について熟知するも良いだろう（同様に、ファンタジーではないジャンルの小説の、架空の世界を調査することもできる。たとえば、デヴィッド・フォスター・ウォレスの『Infinite Jest』（無限の冗談）にある「北米国家組織」など）。

このような見せかけの世界は、その構成要素や内容が**無限**だと思わせる必要がある。作家は物語の道を先導してくれるが、読者はその道をはずれて自らの道を切り開き、さすらいの果てに、これらの世界の光が当たっていない部分を見つけ、その誰の手もつけられていない世界に陰影をつけることもできるのだ。

しかし、作家は信頼性に富む世界（または登場人物）を生み出すために、ディテールを蓄えておく必要はない。

形は、周辺の点をつなげば作ることができ、それ以外は必要ない。言い換えれば、それだけで規則ができるのだ。

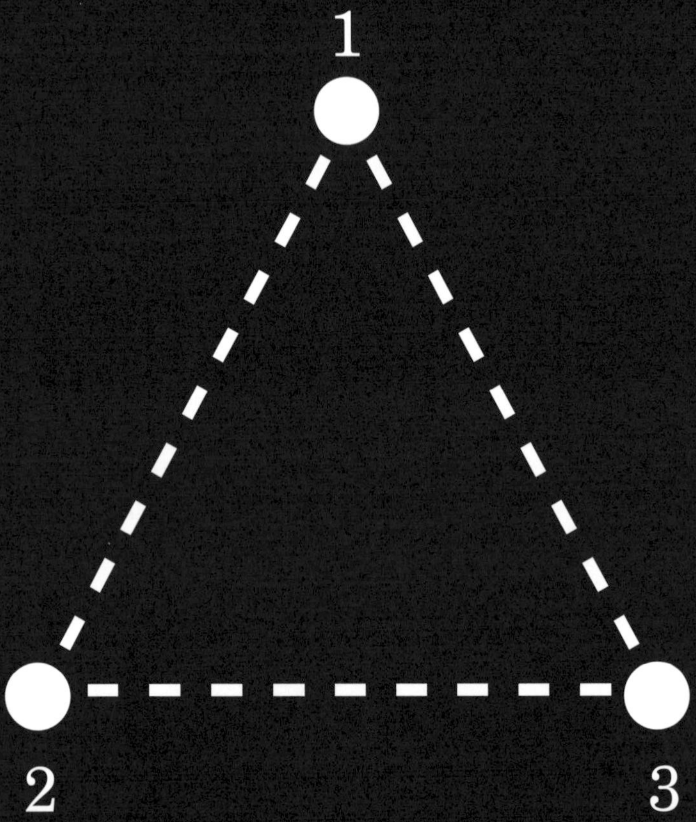

W・H・オーデンは、『指輪物語』について「叡智的な法則の世界」と評している。

規則や関数の定式化においてきわめて重大なものは、その**適応性**である。ユーザーには規則を応用していく能力が必要だ（物語の要素と、それを応用する読者は、話を「先に進める」ことができなくてはならない）。

たとえば、登場人物に対しても同じことが言える。アンナはいくつかの個別の部分からなる点によって（夫の背が低い、髪がこげ茶色で巻き毛だ）、あるいは役割（アンナは上品だ[*]）をとおして定義づけることができる。

n+1

＊小説の初期の下書きで描かれている、「品がなく」、無礼なアンナとは違う（リチャード・ピヴィアーが、その新訳版の序文で述べている）。

ABSTRACTIONS

抽象

不可能な幾何学

H・P・ラヴクラフトの著作を読んでいた時に「不可能な幾何学」と「いいようもなく想像もつかない恐怖」を説明している句にさしかかった。[34]

(私たちは本を読んでいる時、想像し得ないものをあえて想像しなければならないことがある)

> 想像もつかぬ地球外の地獄から、これまた想像を絶する深淵を飛び越えていく病的な谺《こだま》のようだった。[35]

まるで**想像するな**と言われているようではないか？

いくつかのジャンルはこの慣例を基礎に置いている。たとえばSF、ホラー小説がそうだ。*

この場合、私は阻害された感覚に陥り、不気味な驚きを感じる。「想像しない」という行為を遂行する私なりの方法だ。

想像できないと言われても、私は想像する。そして私の想像したものは、私の中のアンナ・カレーニナのイメージよりもそれなりに明瞭、あるいは的確である。

＊＊＊

＊あるいは現代の理論物理学も。

「非物質性なくして神の真の一致は不可能である」

モーシェ・ベン＝マイモーンが、『Guide for the Perplexed』（迷える人々の為の導き）で述べているのは、神を「顔と四肢がある身体を有するもの」として想像するのは不可能だということだ。そのような神を想像したり、描写したりするということは、どうにもならない矛盾と、その他の哲学的かつ神学的な困難を伴うのだ。
中世の学者の多くが、この概念に苦しんだ。つまり、「一致した」神は断定できない。
ベン＝マイモーンは「否定神学」を支持していた。それは神**ではない**ものとの遭遇によって、人は神に近づくことができるというものだ。

登場人物は暗示された非物質性である。そして私たちの想像が登場人物に一致を与えているのだ。しかし登場人物は、彼らではないものによっても定義付けられる。

ウロンスキイ［アンナ・カレーニナの恋人］の容姿は以下のように定義されている。

　　中背のがっしりした身体つきで髪の色はブルネット

トルストイは、ウロンスキイはブロンドではなく、背が低くもないと私たちに教えてくれている。

＊＊＊

『アンナ・カレーニナ』登場人物

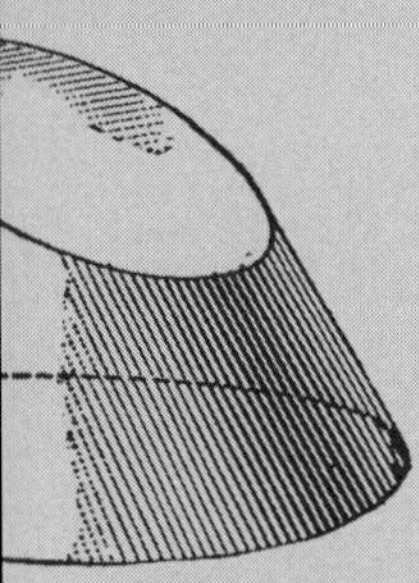
ドリイ

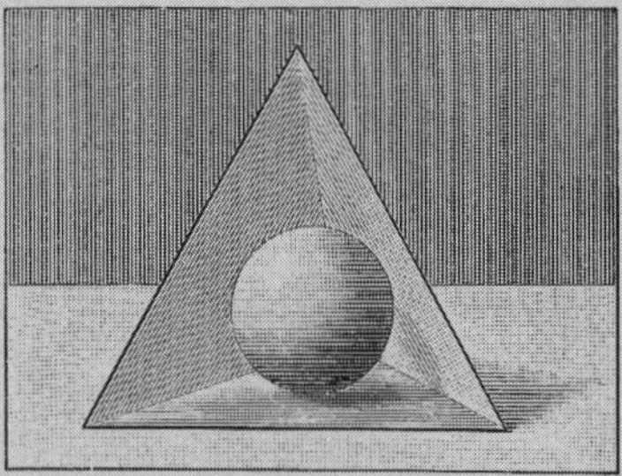
アンナ、ウロンスキイ

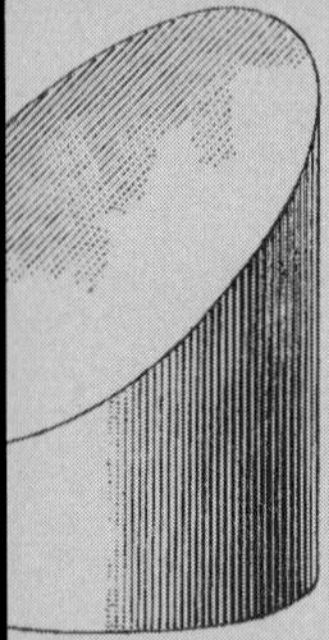
オブロンスキイ

レーヴィン、キティ

ベッチイ・
トヴェルスカヤ
公爵夫人

カレーニン

本を読む時、頭の中に描いているものがないと、概念が相互に反応し合い――抽象的な関係の混ざり合い――私たち読者の感情に触媒作用を及ぼす。これはつまらない経験のように聞こえるかもしれないが、実際には、音楽を聴く時に起きることがまさにこれだ。この相関的な、抽象的な解析は、芸術における深い美が発見できるところでもある。物についての頭の中の絵においてではなく、要素の動きにおいて……。

音楽を聴く時（標題音楽［文学的、絵画的、劇的な内容を暗示する主題や説明文、すなわちプログラムを伴った音楽］ではないもの）、イメージが与えられないことは、あなたの感じ方に少しでも不利に働くだろうか？　あなたはバッハのフーガを聴き、何を想像しても良いのだ。小川、木、ミシン、配偶者などなんでも……。しかし、その音楽にはそれらのイメージを思い起こさせるような命令は何もない（ないほうがはるかに良いに決まっている）。

では、小説を読む時に同じようにいかないのはなぜだろうか？それはいくつかのディテール、いくつかの特定的なイメージが引き出されるからだろうか？　この特定性は変化をもたらす。しかし私が考えるに、それは表面上のことに過ぎない。

＊＊＊

私たちは本を読む時、何かを視覚化するだろうか？　もちろん、何かしらは視覚化しなければならない……。すべての本が、単なる抽象的な理論的概念の相互作用ではない。私たちの頭の中身は、どうやら絵画的なようだ。

この思考の実験を試してみてほしい。

1. 大文字のDを思い浮かべる。
2. それを反時計回りに90度回転させる。
3. 頭の中で、それを大文字のＪの上に置く。

さて…
あなたの
頭の中の
天気は
どんな
天気
ですか?

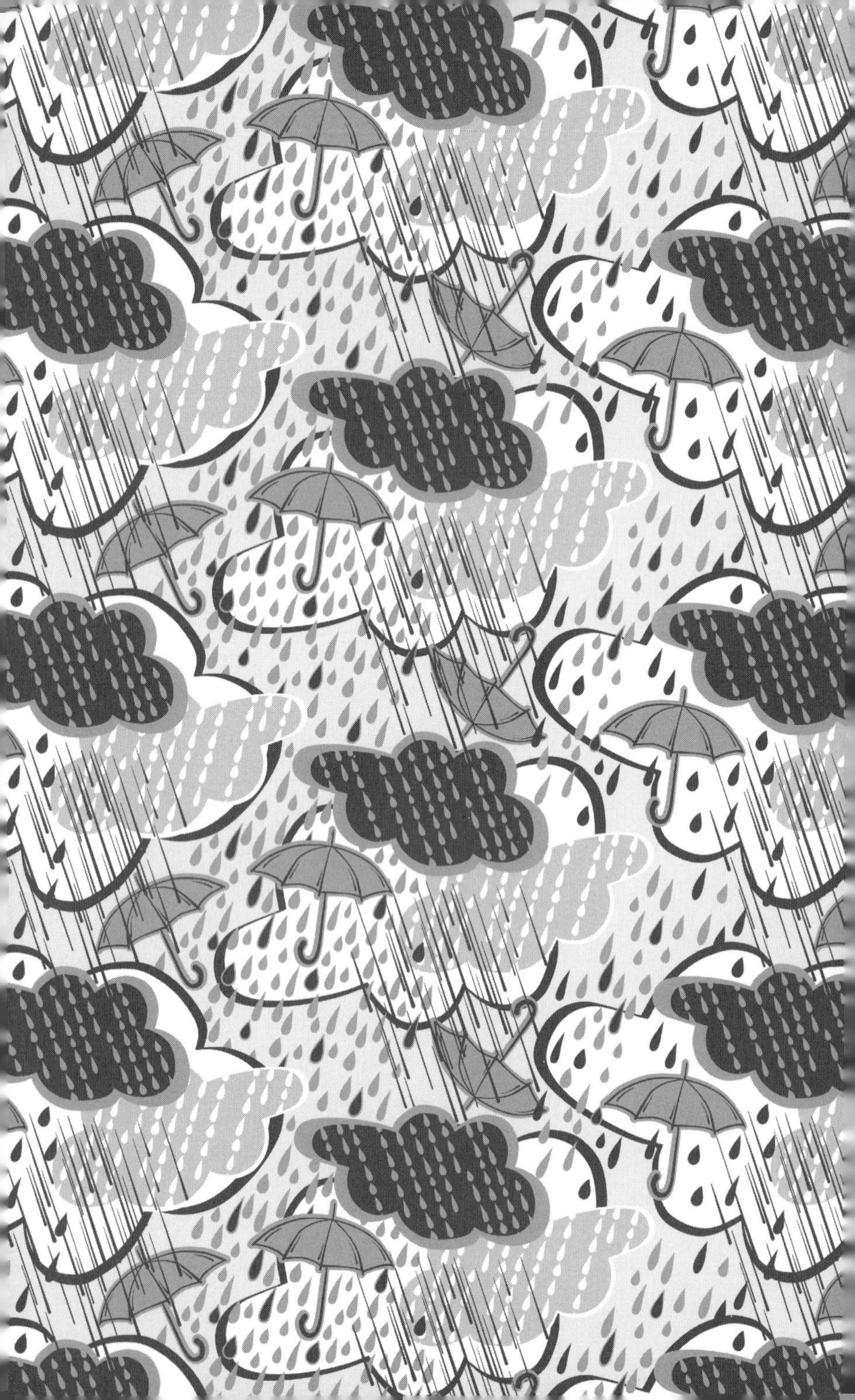

D
J

(「雨が降っている」と思うのは、私たちは頭の中の絵をうまく構築して、操作することができるからだ。そして実際にやってみせた)

(頭の中で絵を描いたのだ)

もちろん、その絵はアルファベットの書体という2つの記号による絵だ。実際の傘をイメージするのは**もっとずっと難しい**……

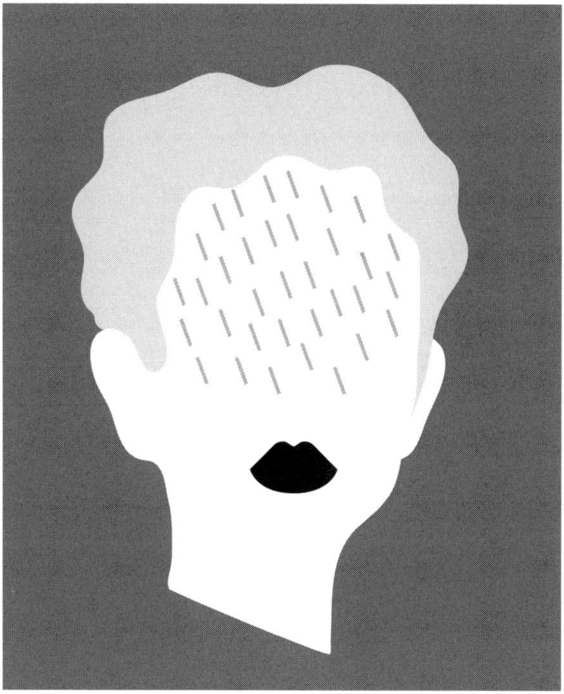

本を読んでいる最中に何かを見ている時、私たちは見るように促されたものを見ているのだ。

しかし……

ジョン・ロックが言うように、「すべての人が、自ら望む概念を言葉に象徴させる自由を持ち、その聖域は侵されてはならないのだ。言い換えれば、自分の思考の中にある概念を他人に押し付ける権利は誰も持たない」

それでもやはり……

これも**完全な**真実ではない、だろう？

私は、実際に、あなたの自由を侵して、イメージのようなものを、あなたの頭の中に登場させることができる。そう、作家たちがそうするように。トルストイがアンナとその「豊かな髪」を登場させるように。

たとえばもしこの言葉を言われたら？

「タツノオトシゴ」

見えただろうか？　もしくは見えたと思っただろうか？　たとえほんの少しの間でも？

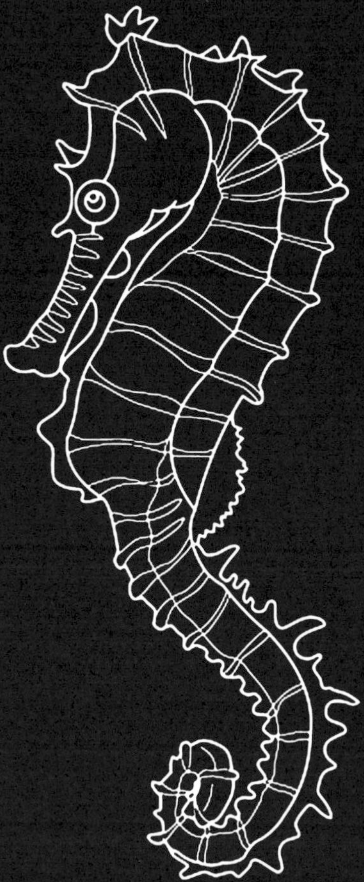

想像されたタツノオトシゴはそれぞれ違う。

しかし、それらすべての想像されたタツノオトシゴは、重なりあう特徴、つまり、**家族的類似性**（ウィトゲンシュタインによる概念）を共有している……。

これは、私たちが想像するそれぞれのアンナ・カレーニナ、あるいはボヴァリー夫人（あるいはイシュメイル）にも同様に言えることである。すべて違うが、すべて**つながっている**。

(想像されたすべてのアンナを平均化してみたら、やっと**トルストイが想像していた**アンナに会えるのだろうか？　いや、会うことはできないだろう)

EYES,
OCULAR VISION,
& MEDIA

目、視覚、媒体

ジョン・ミルトンは盲人だった。そして、詩人のホメロスもそうだったと言われている。架空の預言者テイレシアスも然りだ。想像と見識**（視野）**は視覚とは異なるが、私たちは想像のメタファーを内側へ向かうものとしてとらえている。想像は現実世界に背を向けるものである。*

さらに、外部の光景は、内部の視界を抑制するだけだ（ホメロス、テイレシアス）。

シャーロット・ブロンテは次のように述べている。「わたしは目隠しをされて歩いていたような気分がします——この本はわたしに眼を与えてくれるように思います」[36]

＊聾であったベートーベンについても考えてみたい。

想像は、「内心〔心の中〕の眼」のようだと言える。

しかし私の友人はこう指摘する。まるで思念が小さなオブジェであるかのように、思考の内容は**見られるためにそこにある**ということを示唆している、と。それでも私たちは「意味」を見ることはできない。馬、あるいはリンゴ、あるいはこの、今あなたが見ているページを見るのと同じようには見えないのだ。

ウィリアム・ワーズワースは（よく知られているように）、妹のドロシーと湖のほとりで黄色い花畑を見たということを語る。

その後（そしてしばしば）、これらの花は何度も彼の前に登場する。

> 茫然と、または思いに沈んで
> 臥《ふ》しどに身をよこたえるとき
> 彼等は、孤独のよろこびである
> 内心の眼にひらめくのだ[37]

子供の頃、私は父にこの詩を覚えるように勧められた。以来この詩のことよく考える。その知覚の対象の表現方法、その残像、記憶へ、そして芸術への変化について。

ワーズワースの水仙は、想像したというよりは記憶したものだ。水仙の花、その黄金のグラデーションと、けだるい揺らめきが、最初は詩人に感覚的な情報としてとらえられたのだ。詩人はそれを（おそらく）**受け身で**受容する。後になって初めて、これらの花が、詩の中に反映されたり能動的な想像の栄養になるのだ。

どこかの時点で、ワーズワースはこの水仙の花を内在化した。しかし記憶の原料は、おそらくはこの実際の水仙なのだ。

（ワーズワースが見た水仙そのもの）

私たちは、ワーズワースの水仙が「そよ風にひるがえりおどるさま」[38]を見ていない。別の水仙を見たことがあるかもしれないが、彼が見た水仙は見たことがない。だから、詩人の言葉に、駆り立てられて想像しなくてはならないのだ――彼のミメーシス（擬態）として。

しかし、このワーズワースの詩の最後の句は、この詩を読む私たちの想像行為を実に巧みに描写している。――「星屑」のように広がる花の黄色が私たち自身の「内心［心の中］の眼」の前で「ひらめく」。

＊＊＊

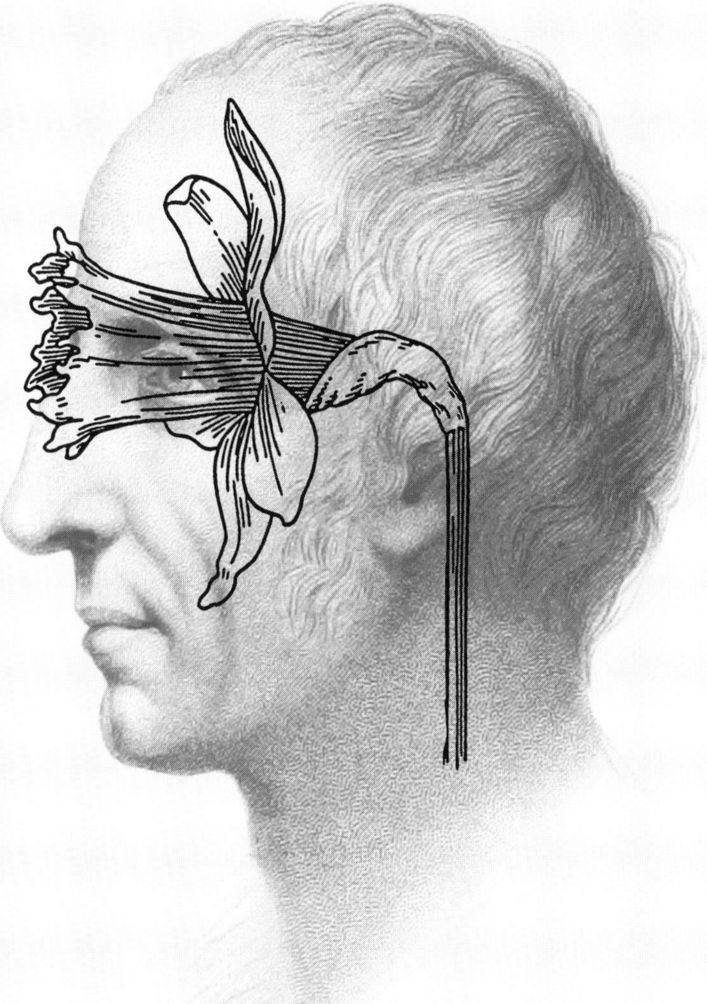

小説（そして物語）は、世界についての哲学的な解釈をさりげなく論じる。小説は、存在論、認識論、形而上学を、推論あるいは議論する。いくつかの小説は、世界は見えているものだと推論する。既知の脈絡をからかったり、混乱させたりする小説もある。しかし読者が、その作家の真の思想を見つけるのは、その小説が、知覚（たとえば視覚）をどのように扱うかという現象学においてである。

＊＊＊

文学作品において、そこに表現されているものが、脚色なしの目に見える世界、つまり表層的なものに関する表現だと読者に思わせる要素は何だろうか？

> ただしそれは聴罪司祭、医師あるいは神——そのどれもが古典的な小説家にとって、三位一体を構成する意義深い位格である——の目を通してではなく、目に映るもの《スペクタクル》の地平以外の地平をもたず、みずからの目の力以外の力をもつこともなく街を歩く、一人の人間の目を通してなのである。[39]

（これはロラン・バルトによるアラン・ロブ＝グリエの作品の解説である）

ロブ＝グリエの作品では、対象から寓意的な意味が刈り取られている。対象は象徴ではなく、連鎖の中間地点でもない。対象は何かを意味するものではないし、何も意味しないわけでもない。

ロブ＝グリエにとって、対象は単純に、在るのだ。

機械で完璧な左右対称に切断された、まことに非の打ちどころのない四つ切りのトマト。
周囲の果肉は、緻密かつ均質、化学製品のような美しい赤色で、艶やかな一枚の果肉と胎座のあいだで等しい厚みを保ち、胎座のなかには、黄色い種子がきちんと同じ大きさで並び、ハート形の膨らみに沿って、緑がかったゼリーの薄い層に包まれている。ハートの形の膨らみは、わずかにざらついた穏やかなバラ色で、下の窪みのほうでは白い筋が束ねられたようになっていて、その白い筋の一本が種子のほうにむかって延びている——いささか不安定に思える線を描いて。
トマトのかなり上部のほうでは、ほとんど目に見えない事故が起こっている。果皮の一部が、1ミリか2ミリにわたって果肉から剥がれ、ほんのわずかだけもち上がっているのだ。[40]

私は、引喩に頼らず世界を見るという経験をしたことがある。突然そのような思考の状態が訪れたのだ。私は自分の置かれた地形学的な位置を認識していて、新たな幾何学も意識していた。突如、世界が純然たる視覚現象になった。光とそのベクトルにまで削ぎ落され、私は写真家というよりカメラそのものになった。年代順の配列など無意味になり、世界を構成する要素の断片は、もはや私の心や自意識には従属していないが、驚くほど近くに存在している。このような状態は、無機質でも不自然でもなく、むしろ奇妙なほどに前意識的だ。

このような状態とその状態が作り出した出来事は、私たちがもっと多くを見るために、あるいは、より良く見るために、私たちの想像的な思考を服従させるのだろうか？（ロブ＝グリエのトマトは、たとえば、イブのリンゴよりもはっきりと豊かに見ることができるのだろうか？）

私には見えない。

＊＊＊

本から何かを想像する時、私たちは**どこに**いるのだろう？　どこに**カメラ**はあるのだろう？（カメラがあると仮定して）

観察する時のアングルは、物語の中の声が向ける方向にのみ依存しているのだろうか？　たとえば、物語が**一人称**で語られるなら、そして特に物語が現在形で進むならば、私たち読者は自然と、行動を語り部の「眼を通して」見るようになる（「私の意識は、まるで他人の意識のようにふるまう」とジョルジュ・プーレは著作『Phenomenology of Reading』（読書の現象学）で書いている。「私は読む。私は頭の中で『私』と発音する（中略）。それは私自身ではない」）。これは、二人称の語り（「あなた」と直接語りかける）と、一人称あるいは二人称の**複数**（「私たち」あるいは「あなたたち」）の語りと似ている。

語りの声が三人称の場合、あるいは、一人称の物語の舞台が過去の場合（まるで友人が物語を思い出しているような）、私たちは自然と行為の「上」もしくは「横」にいる。私たちの有利な観点、たとえば、物語の有利な観点は、「神の視点」*だ。おそらく、このような場合、私たちは「カメラ」から「カメラ」へと飛び回り、それぞれの反応をクロースアップでとらえたり、引きのショット（画）を見たり、群衆を見たり、地平線を見たりするのだ。ドリー［移動撮影用台車］は引いて行く……私自身ではなく）。そしてここでも、全知の視点で物語を見ているにも関わらず、私たちは時として一人称に滑り込んでしまい（神が人間のふりをするように）、そして私たちは、ただ一人の登場人物の目を通して見るのだ。

＊ゲームデザインで言われるように

PAILLARD
BOLEX

しかしもちろんのことながら、繰り返しになるが、これは本を読むことではなく、演劇を見ることや映画を見ることの話になってしまっている。本においては、演劇や映画ほどまで見えることはない。そして、作家が選んだ物語の**人物**は視覚的には何も変えない（物語の視点は意味を変えるが、アングルは変えない。私たちの見方は変わらない……）。

イシュメイルは私に直接語りかける*（「わたしの名はイシュメイルとしておこう」）。そして私は時にイシュメイル側にいるのだが、別の時には彼の上空に存在し、カモメのように、イシュメイルがニュー・ベッドフォードの町をぶらつくのを見下ろしている。あるいは、イシュメイルが同居人クィークェグと初めて出会う衝撃的な一瞥を、まるでイシュメイルの目を通して見るかのように私も見ている。つまり、私たちが物語を見るための視点は、作家が物語を執筆している時の想像と同じくらい流動的で自由なのだ。私たちの想像は、好きなように放浪するのだ。

＊あるいは、彼は一般的な「私」、つまり読者に語りかける。

映画やテレビやビデオゲームにさらされればさらされるほど、こういった種類の媒体（メディア）は私たちの読者的な視点に影響を与える。本を読む時に、その本を映画化したりゲーム化したりしてしまうようになるのだ。

（これに関して、ビデオゲームは特に強い作用を持っていると私は考えている。ゲームが持つプレイヤーに対する影響は、本が読者に持つ影響と似ているからだ）

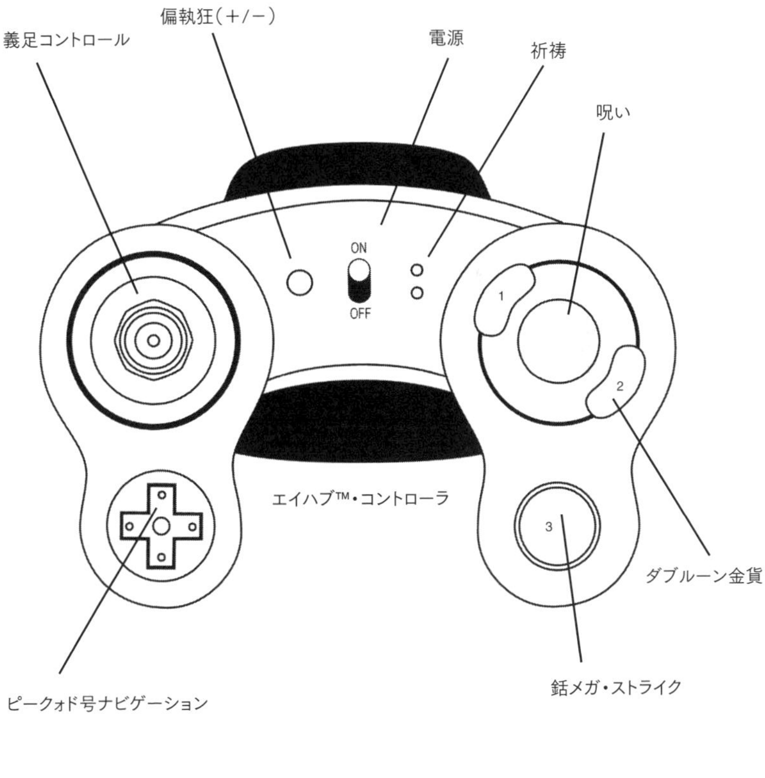

［『白鯨』にまつわる言葉をゲームのコントローラにあてはめると］

一人称
ヒーロー目線

オネーギン　　レンスキー

1　　0

二人称
「神」の視点

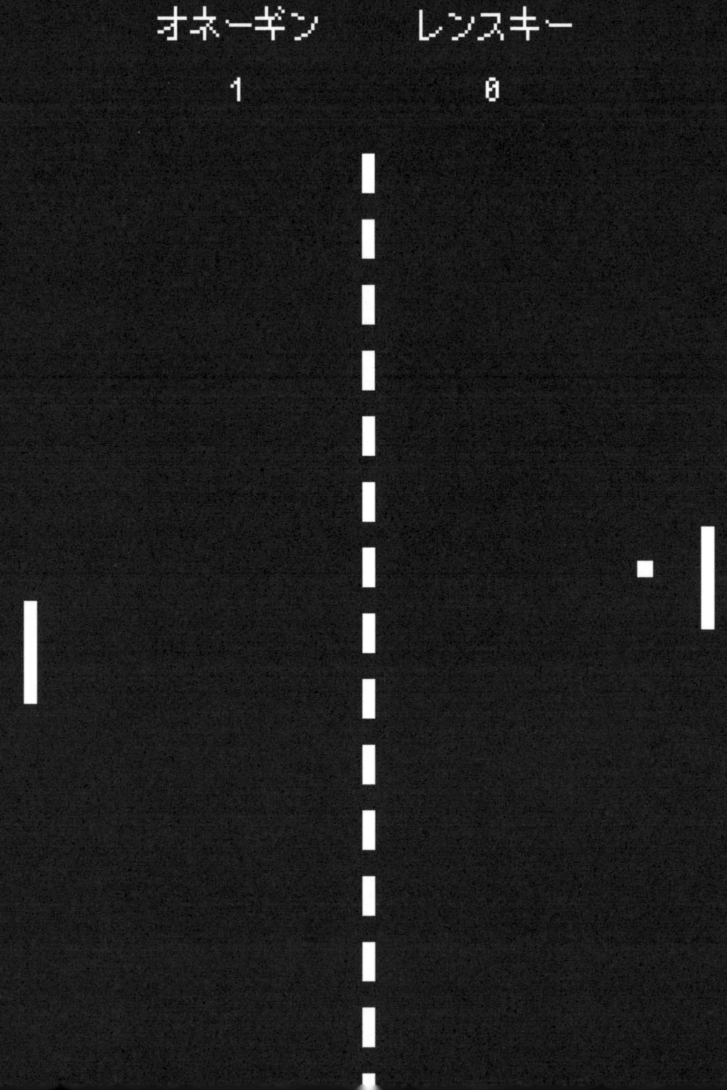

散文に「クロースアップ」というものはない。物語ではディテールが引き出されることもあるが、カメラが対象に寄った時の効果とは同じではない。本の中では、ディテール（たとえばオブロンスキイのスリッパ）について書かれている時、観察者は、近くに寄っていくという感覚や、別の視点に切り替わるという感覚は持たない。フィクションにおけるこういった出来事は、空間ではなく、意味上の出来事である。カメラが対象に寄っていく時、カメラと対象の関係は変わり、それによって、私たち（見ている者）の対象との関係も変わる。**しかし、小説では違う。**カルヴィーノが述べているように、「言語とイメージの距離は決して変わらない」。*

＊イタロ・カルヴィーノ、『カイエ・デュ・シネマ』誌、1966年10月

このカルヴィーノの発言は、興味深い疑問を提示している。**もの**を思い描くのが難しいという前提は置いておいて、そのもの（そして私たち読者自身）が存在し、それらが動く想像上の媒体や次元を思い描くことはできるだろうか？　私たちは**空間**を想像することができるだろうか？　「寄り／引き」は動作の文脈を示唆する。私たちがつぶさに観察する対象が拡大するだけでなく、それ以前の場面や、その内容は消えていく……

ft 100 20 3 5 1.48
m 30 7 1 0.45
8 8 3.2
3.5-6.3/18-250

［カメラレンズの焦点距離や絞りを示す数字］

マルセル・プルースト『スワンの恋』
訳＝C・K・スコット・モンクリフ、テレンス・キルマーティン
序文＝フォルカー・シュレンドルフ

小説が映画化される時、映画は、私たちが本を読む時に、文面から思い描く光景を強く抑制する。しかし、それ以外に学べることは何だろうか？

小説の映画化作品を見るということは、私たちの読書における想像を探究するには絶好の機会だ。それぞれの経験の差は啓示的だ（同じように、神経学者たちは、脳の機能を研究する際、脳の**機能不全**の研究を通して学ぶ）。

私が、長編小説や短編小説を読む時、そのドラマの内容、つまり場所、人物、ものは薄れて、**意味**に取って代わられる。たとえば植木鉢の光景は、その植木鉢の持つ意味と重要性を、読者の計算に置き換えて読まれている。

私たちはいつでも、文章上の意味を計る。本を読む時に「見える」ものの多くが、「意味」だ。しかしこのすべてが、その小説が翻案されると変わるのだ……

ロブ＝グリエがこの変化について解説している。

> 誰も坐っていない椅子は、もはや不在か期待でしかなく、肩の上にのせられた手は、もはや共感のしるしでしかなく、窓の鉄格子は外へ出ることの不可能性でしかなかった……ところが、いまはその椅子、手の動き、格子のかたちが目に《見える》のである。それぞれの意味は、やはり歴然としているのだが、しかしわれわれの注意を独占したりせず、いわば追加として与えられたものとなっている。いや、余計なものとさえいってよく、なぜなら、われわれに訴え、われわれの記憶のなかに残存し、本質的なもの、漠然とした精神的概念には還元できないものとして現われるのが、動作それ自体、もの、移動と輪郭であって、そうしたものに一挙に（そうするつもりもなく）、イメージがそれぞれの現実性を復元したからなのである。*

＊アラン・ロブ＝グリエ『新しい小説のために』[41]

“植木鉢”

スイセン
（Narcissus）

小説は、映画よりもアニメやマンガ的だろうか？

> 小説家や詩人はマンガのアニメーションから多くを学ぶことができる。何よりも、少ない動きで登場人物やものの意味を明らかにするやり方を。*

小説の登場人物は一般的に「少ない動き」で構成されているだけでなく、マンガのキャラクターのように、小説の登場人物も、コマ、つまり場面の中で動く。そのコマが視覚的なフレームの中に配置されているわけではないが、言葉で描写されている。これらの場面／コマは、それから、読者によってくくられて、一節一節をもっともらしい全体としての物語にされていくのだ。

（マンガの特徴のひとつであるコマとコマの間の白い余白は、マンガ家の構成力に意識を注ぎながらも、マンガ家が描かなかったものがあるということを常に意識させる役割を持つ。フィクションにおいて、このフレーム、つまりフレーム間の溝は、マンガほど明白ではない）

*イタロ・カルヴィーノ
『The Uses of Literature』
（文学の効用）より

DAYS PASS AND INTO THE WINTRY WINDS SAILS THE PEQUOD. BUT STILL NO SIGN OF THE MYSTERIOUS Captain AHAB
SUDDENLY ONE DAY...
QUICK, QUEEQUEG. LOOK!
CAPTAIN AHAB!
OLD THUNDER, HIMSELF!
AFTER A FEW MINUTES, STUBB, IN PASSING, DISTURBS THE CAPTAIN ...
WHY DO YOU DISTURB ME, STUBB! DOWN...DOWN TO YOUR KENNEL!
YOU CAN'T CALL ME A DOG, AND GET AWAY WITH IT!
THEN I'LL CALL YOU A MULE AND A PIG, TEN TIMES OVER!
NOW GET!

EASY, STUBB. THE MAN MUST BE MAD!
MAYBE IT'S HIS WOODEN LEG THAT'S EATING HIM ... SOMETHING'S BITING HIM DEEP!
MATE! MATE! GET ALL THE MEN AFT!
AYE, AYE, SIR!
I WONDER WHAT'S UP.
ALL MEN AFT!
MEN, DO YE SEE THIS. 'TIS A SPANISH GOLDPIECE. I'LL GIVE IT TO THE FIRST WHO DISCOVERS A WHITE WHALE IN THESE BLOODY WATERS!
A WHITE WHALE? YOU DON'T MEAN MOBY DICK?
AYE, MOBY DICK. ACCURSED WHITE WHALE! 'TWAS MOBY DICK THAT BROUGHT ME TO THIS STUMP. 'TWAS HE THAT SLIT MY OWN LEG FROM ME! I CARE NOT FOR OTHER WHALES... ONLY FOR ONE... AND HE MUST BE DOOMED!
ARE YE WITH ME TO THE VERY DEATH?
AYE! AYE! AYE!
HE IS SURELY INSANE!
MOBY DICK'S A KILLER!

478

銛は投射され、刺さ
走り、もつれてしまっ
た。見事に直した。だ
トルコの唖が犠牲者に
ちが彼がいなくなった
された。次の瞬間、索の
た索容器から飛び出し、
それから底深く沈んでい
一瞬、茫然となった艇
り向いて見た。「船は？
をくらます濛気をすかし
れは煙立つ蜃気楼の中の
出ているだけであり、そ

[『白鯨』135章より]

作家は文字の限界を私たちに気づかせるかもしれない。さまざまな行為や登場人物などを同時並行で見せることができないという文字の限界。

たとえば、『白鯨』の終章で、イシュメイルは私たちに教えてくれる。

> その縁辺のところにただよって、よくながめ、それから船が沈んで起こった吸いこむ力が、半ば弱まってわたしをとらえ、わたしはゆるやかに閉ざそうとする渦巻に引き入れられた。

（ここでの「縁辺《えんぺん》」が、マンガのコマ間の白い縁《ふち》（余白）と同じではないだろうか）

＊＊＊

MEMORY
& FANTASY

記憶と幻想

読書における想像の多くが、視覚から解放された連想を含む。
読書における想像の多くが、作家の文章から解き放たれている。

（私たちは読書中に白昼夢を見る）

小説は、私たちの解釈能力を誘発するが、思考の放浪も誘発する。

ドストエフスキー『罪と罰』より［42］

りしめていた二十コペイカ銀貨に気がついた。彼は拳をひらいて、じ
つめていたが、いきなりその手を振りあげて、銀貨を水中に投げつけ
るりと踵をかえし、家のほうへ歩きだした。そしてそのときを境に、
が身をいっさいのものから鋏で切りはなしてしまったような気がした
家へもどったのはもう日暮れ近かった、だから六時間ほどもぶらぶら
いたわけだ　どこをどう通って帰ったのか、彼はぜんぜんおぼえてい
は服をぬぐと、せめぬかれた馬のようにがくがくふるえながら、ソフ
なり、外套をひっかぶると、そのまま意識を失ってしまった……
かり薄暗くなった頃、彼はおそろしい叫び声ではっと目をさました。
ついでいるのだろう！　こんな異常な物音、こんな唸り声、号泣、歯
打、罵声を、彼はまだ一度も聞いたことも見たこともなかった。彼に
のじみた凶暴や、こんな狂乱の発作を、想像することもできなかった
しさのあまり身を起すと、ソファの上に起き直り、絶えず胸をかきむ
な思いで、身をすくめていた。ところがつかみあい、号泣、罵声はま
なるばかりだった。不意に、彼は胆がつぶれるほどおどろいた。下
声が聞えたのだ。おかみは唸ったり、わめいたり、泣きながら何ごと
ていたが、せかせかと早口に、言葉をとばしながらしゃべっているの
ているのか聞きわけることができなかった、――だが、階段のところ
ぶたれたから、もうぶたないでくれと哀訴していることは、まちがい
ていた男の声は憎悪と憤怒のあまりすっかりうわずってしまって、
がれ声だけしか聞えなかったが、彼もやはり、聞きわけることはで
でとぎれとぎれに何ごとかわめきちらしていた。突然、ラスコーリ
葉のようにふるえだした。その声がわかったのだ。それはイリヤ・ペ
声だった。イリヤ・ペトローヴィチがここへ来て、おかみを殴って
を足蹴にし、頭を階段にぶっつけている、――それは明らかだ、物
泣き声や、殴打の音の気配でそれがわかる。これはどうしたことだ
くりかえったのだろうか？　どの階からも、どの階段からも、人々が
が聞える、声々、叫び、

読書における想像はゆるやかにつながっているが、**ランダム**ではない。

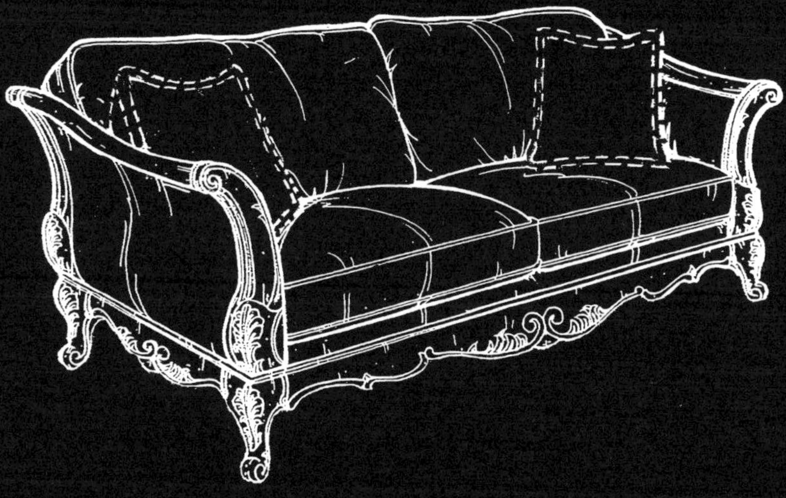

（私たちの読書における想像は、過度に論理的ではないかもしれないが、それでもやはり意味をはらんでいる）

だからこそ、想像の材料として、そして想像と混ざりあっているものとしての記憶が、想像であるかのように感じるのではないか。そして、想像というものが、組み立てられた**記憶**のようにも感じるのではないかと思うのだ。

記憶は、想像上のものから作られていて、想像上のものは、記憶から作られている。

私はふたたびディケンズを読んでいる（『互いの友』だ）。そして、小説から何かを想像している。産業港――川、舟、埠頭、倉庫……

このシーンにある、私が想像するための材料はどこから来たのだろうか？　記憶をたどり、似たような波止場のある、似たような場所を探す。時間がかかる。

しかし子供の頃の家族旅行を思い出す。川があった。波止場も。私が想像した埠頭と同じ埠頭だ。

その後気づいたのは、最近できた私の友達が、スペインの「埠頭のある」彼の家のことを説明してくれた時、私はやはり先の埠頭を想像していたのだ。つまり、子供の頃に休暇で訪れた埠頭、読んでいる小説を想像するためにすでに私が「使用した」埠頭を。

（私は何度この埠頭を**使用**しただろうか？）

小説の出来事や付属物を思い描くという行為は、私たちに思いがけず過去を振り返らせる。

（そして私たちは、夢をたどるように想像の中を探り、ヒントや、失われた経験の断片を探すのだ）

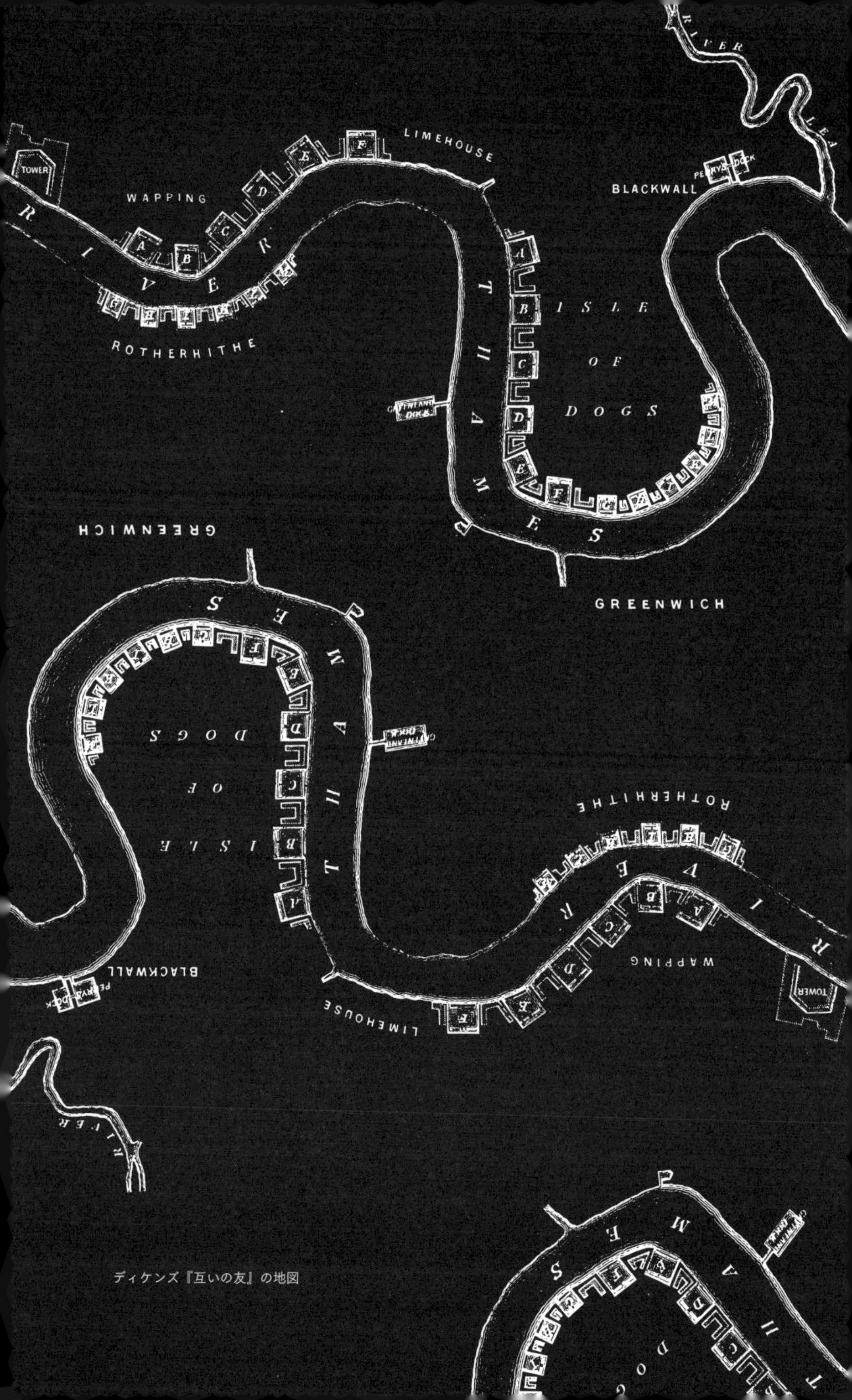

ディケンズ『互いの友』の地図

言葉が効果的なのは、その中に何かを含んでいるからではなく、読者の中に蓄積された経験の鍵を開けることができるという潜在的な可能性があるからだ。言葉は意味を「含む」が、もっと重要なのは、言葉が意味の有効性を高めるということである。

＊＊＊

川という言葉は、川に支流が流れているのと同じように、ありとあらゆる川を含んでいる。そしてより重要なのは、この言葉にはあらゆる川だけでなく、すべての**私の**川を含んでいるということだ。私が今までに見た、泳いだ、魚釣りをした、聴いた、聞いたことのある、直接触った、またはさまざまに間接的に、曖昧に影響を受けた、覚えている限りの川を含むのだ。それらの「川」は無限につながる小川や支流で、想像に拍車をかけるという小説の持つ能力を助けるのだ。私は**川**という言葉を読み、文脈のあるなしに関わらず、その表面的な言葉の下へ潜り込む。(川底の泥や水の抵抗力を感じながら歩いた子供の頃の思い出の川、石で足を切ったあの川、あるいは、今、窓の外で私の右手に見えている公園の木々の向こうで凍った表面を輝かせる灰色の川。あるいは、外国の街で見た春に少女のスカートが揺らぐ様、10代の頃の、その激しいエロティシズムの記憶……)

これが、関連性に縁取られた言葉の中に潜む力だ。考えてみると作家に与えられたものはほとんど必要ないのだ。

(読者の記憶はすでに川の水で溢れている。作家はその水たまりをちょっとつついてくれればいい)

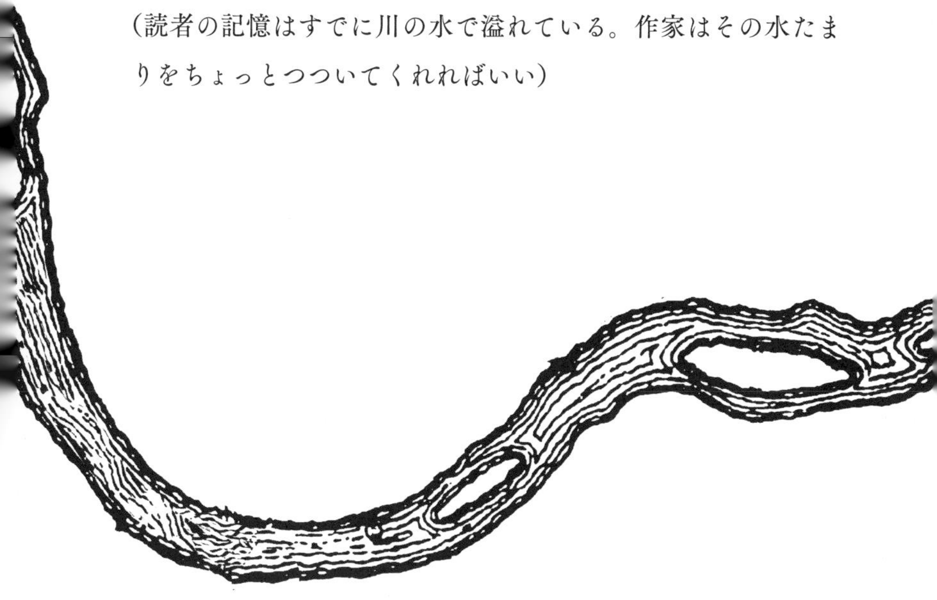

SYNESTHESIA

共感覚

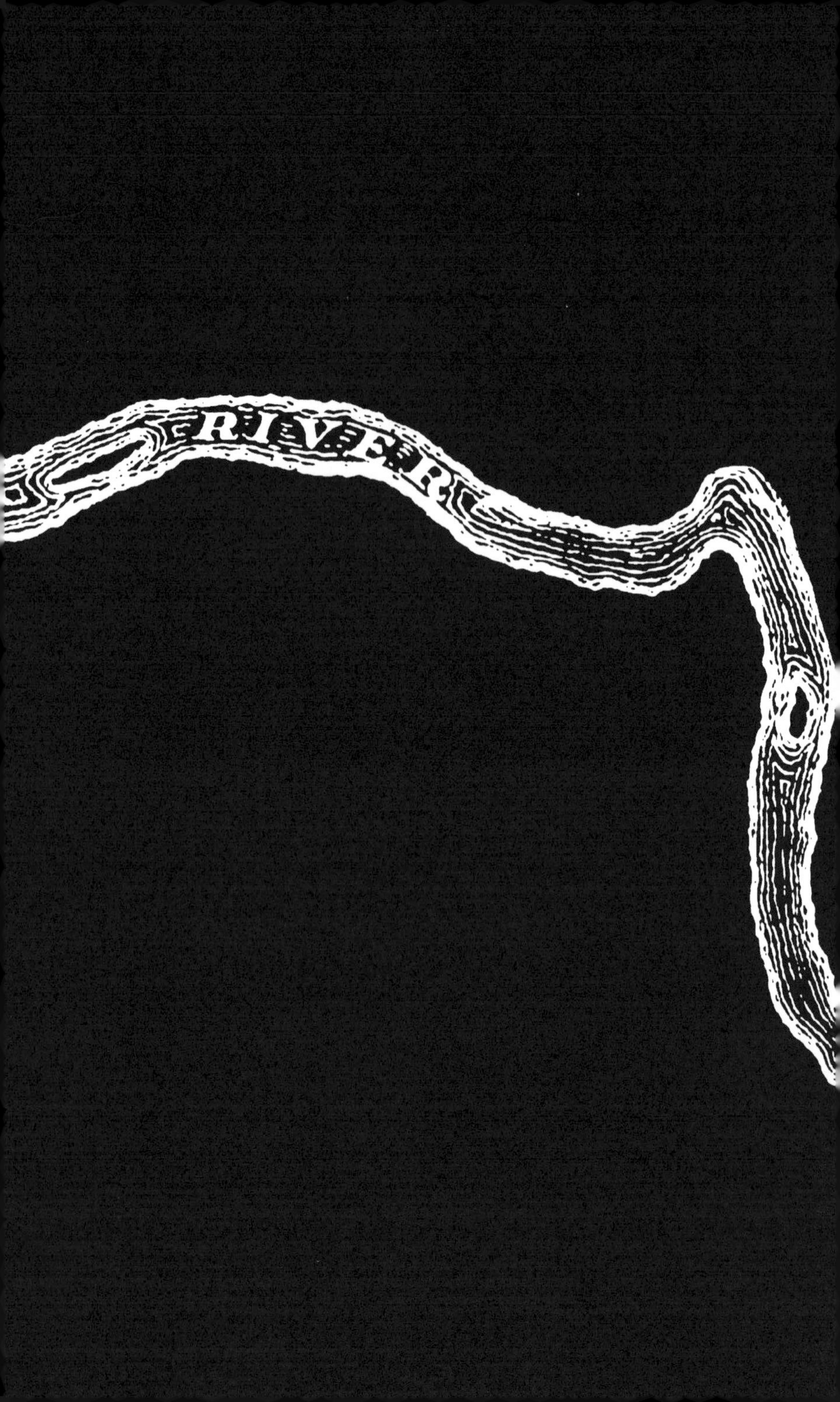
RIVER

このつやつやと光りながら、まがりくねり、もりもりとふとった川という生きものを見たことがなかったのです。川はおいかけたり、くすくす笑ったり、ゴブリ、音をたてて、なにかをつかむかとおもえば、声高く笑ってそれを手ばなし、またすぐほかのあそび相手にとびかかっていったりしました。すると、相手のほうでも、川の手をすりぬけてにげだしておきながら、またまたつかまったりするのです。川全体が、動いて、ふるえて——きらめき、光り、かがやき、ざわめき、うずまき、ささやき、あわだっていました。

——ケネス・グレアム『たのしい川べ』[43]

上の段落からは、**川べにいて楽しい**という感情が喚起されるほど、川*の「幻影」は喚起されない（私たちの誰もが感じたことのあるであろう感情だ）。

読書の際に経験することの多くが、ある感覚が別の感覚と重なったり置き換えられた、共感覚的な出来事である。音は**見え**、色は**聞こえ**、光景は**香る**、など。川を歩いて渡ることや、その「足に感じる川底の泥や水の抵抗力」のことを私が言わんとしている時、これを読んでいるあなたが感じるかもしれないのは、その渦、膝の下にできる波紋、足に感じる重みである。

＊読書に没頭している時のよくある比喩として、川に浮かぶという表現がある。私たちは、まるでオールのないボートに浮かんでいるかのように物語に**流されて**いる。この比喩は、読書中の思考が、物語への没頭を裏切る受動性をほのめかしている。時に、私たちは流れに逆らって必死でボートを漕がないとならない。あるいは、突出した岩を迂回しなければならない。たとえ海岸沿いに航行している時でも、私たちを運んでいるボートは、私たちの思考そのものなのである。

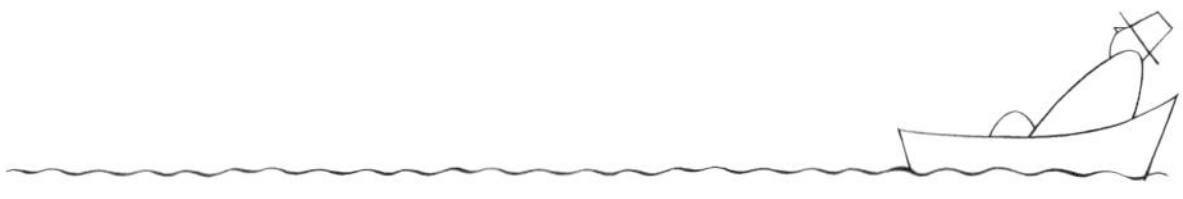

以下はイーディス・ウォートンの『歓楽の家』にある、すばらしい人物描写だ。

> 彼女が並んで、足取りも軽く、大股に、歩き始めると、セルデンは、彼女に連れ添っていることに、贅沢な心地よさを感じた。小さな耳の肉づけ、細かく上向きにカールした髪のウェーヴ——髪はわざと少し明るい色に染めているのだろうか？——それに長い豊かな黒いまつげなどにも、同じような満足感を感じた。[44]

この人物の髪型や、豊かなまつげについての情報は、本を読んでいる時に役に立つ。しかし、真に伝わってくるものはリズムだ。このリズムは、若い女性のそばを歩く青年の上気する心を伝えている。彼の増幅する幸福感が、意味的にではなく、音響的に伝わってくるのである。まずは聴いてみて欲しい。

Long light step...luxurious pleasure...black lashes...

［**ロ**ング　**ライ**ト　ステップ（足取りも軽く）……ラグ**ジュア**リアス　プレ**ジュア**（贅沢な心地よさ）……**ブラ**ック　**ラ**ッシュ（黒いまつげ)］

この段落は歌っているではないか。

［lo と ligh（ロとライ）、xur と sure（ジュア）、bla と la（ブラとラ）というように、音をリズミカルに使っている］

“La la la la

（つまり、時に私たちは見ているということと、感じているということを混同してしまう）

言葉の持つリズム、音域、擬音は、聴取者と読者（静かなる聴取者）の中に共感覚的な変質を形成するのだと、詩人なら誰もが言うだろう。

言葉から音楽が生まれる。

微風がしずかに吹くときは調べもやわらかに、
なめらかな川はいっそうなめらかな音で流れるが、
大波が岸をうってさわがしい音を建てるときには
ざわついて荒っぽい詩が奔流のように唸りを立てねばならぬ、
エイジァクスが大きな重い石を投げようとするときは、
詩句もまた苦しんで言葉はゆっくり動くだろう
別に、足の早いカミラが野をよこぎって走り、
小麦の穂波を飛んで海原をかけるときは、またちがう。*

（これも子供の頃に学校で暗唱させられた詩である）

la la la la la la la la la la la la."

＊アレキサンダー・ポープ『批評論』[45]

そして私たちは本を聴く、しかもそれを完全に聴いている、ということも信じている……

アーロン・コープランドは、私たちが音楽を聴く時、感覚的把握の段階、表現をとらえる段階、音楽の真の理解の段階という3つの「段階」で聴いている、という[46]。私にとって、感覚的な部分とは、たやすく忘れるが呼び起こすのが最も難しいものだ。ベートーベンの第五交響曲「運命」を想像の中で「聴く」と、執拗で上から突き刺すようなフィギュレーション［音・旋律の修飾］を思い出す。私には「トゥッティ［全体合奏］」も、オーケストラを編成する個々の楽器も聴こえない。音符の形と、その表現力豊かな特徴が聴こえてくる。不思議なことに歌手の声を思い出すことはできる。これは私たち自身が、自分の身体で**声**を作り出すことができるからだろうか？

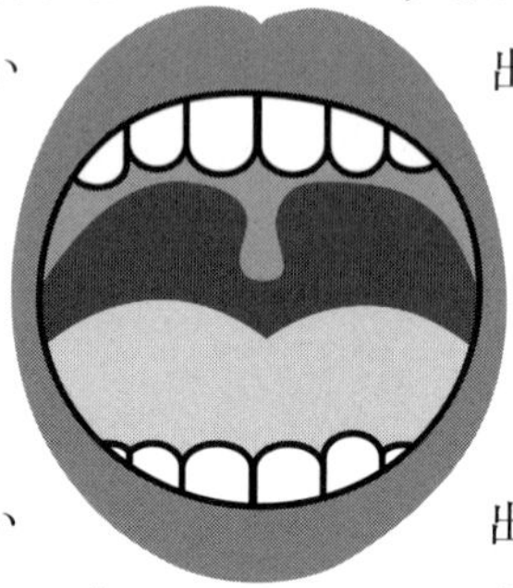

私たちは登場人物の声を聞くのだろうか？（登場人物の顔を見るよりは難しくなさそうだ）。私たちは、自分が話をしていない時でも、頭の中で自分の声を「聞いている」ことを想像していることは確かだ。

> 「前3000年紀には、読むというのは楔形文字の文書を聞くことだったのかもしれない。言い換えれば、絵による記号を見て神の声を幻聴で聞くことであって、今日のように視覚的に綴りを読むのとは違う」
>
> ――ジュリアン・ジェインズ
> 『神々の沈黙――意識の誕生と文明の興亡』[47]

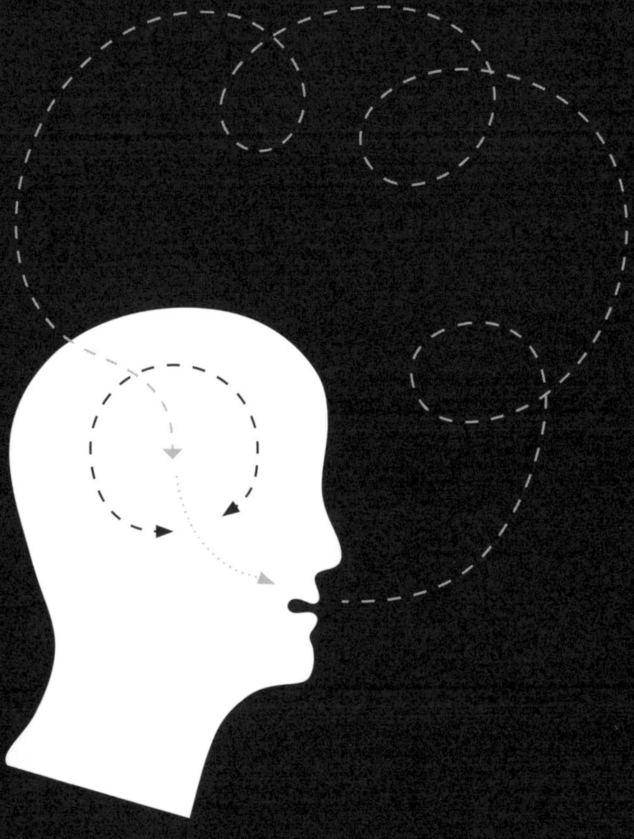

先に私たちは、プルーストが読書経験について「両目の狂おしい疾走」であると表現している部分を読んだ。

この引用の冒頭は次のとおりだ。「両目と声は音もなく読み進み……」。[48]

私たちは、ひとつの感覚が別の感覚を描写するという、感覚をまたいだ類推をしながら、この世界を生きている。とはいえ、私たちの類推はほとんどの場合が空間的だ（たとえば、未来は「前」、高速で振動する音は「高」、幸福は「上」、悲哀は「下」）。私たちは、物語には「筋」があるものだと想像する。そして、物語の真意や展開点やクライマックスを、まるで図上にそれらを配置するかのように、ひとつのはっきりとしない感覚から、別の感覚へと調整して組み立ていく。

カート・ヴォネガットは、物語の筋の基本的な曲線を示した次のようなグラフを、その「物語の簡単な形」という講義で提案している。そのグラフを私も作ってみた。

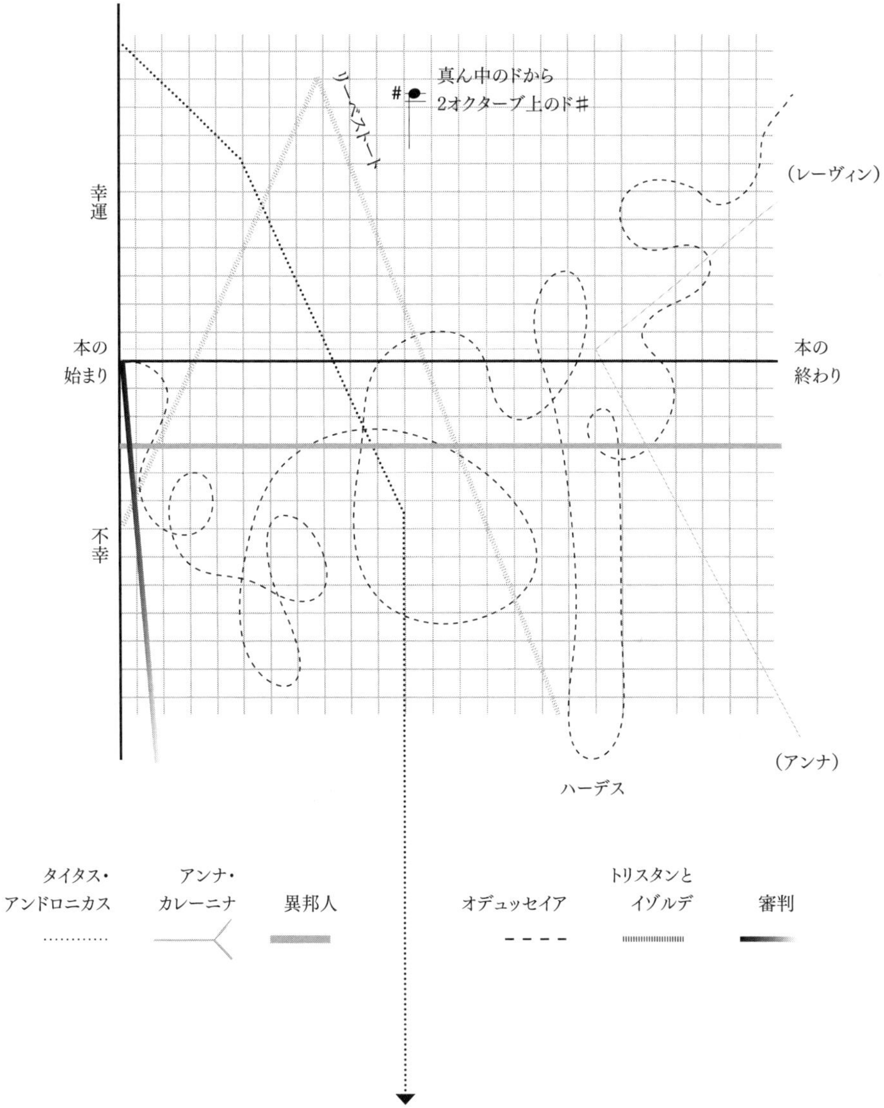

真ん中のドから
2オクターブ上のド＃
リーベストート
(レーヴィン)
幸運
本の
始まり
本の
終わり
不幸
(アンナ)
ハーデス
タイタス・
アンドロニカス
アンナ・
カレーニナ
異邦人
オデュッセイア
トリスタンと
イゾルデ
審判

ローレンス・スターンはそのさらに前から、この概念を提案している。

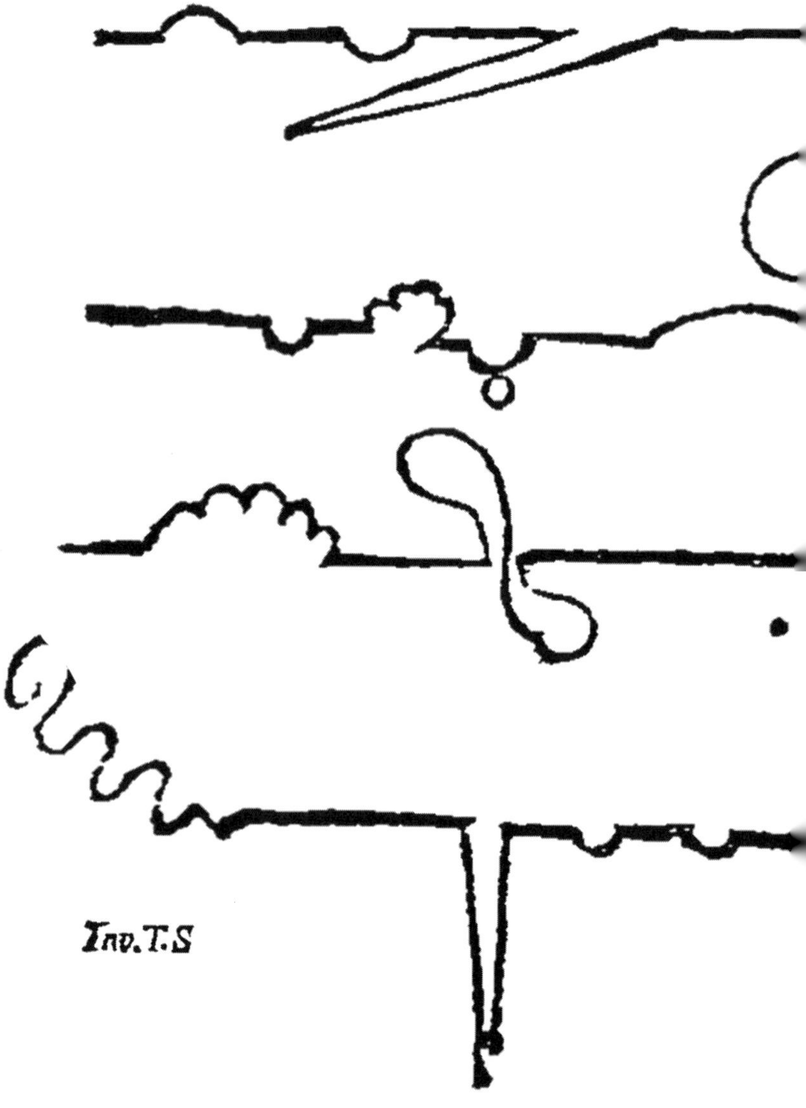

スターンの『トリストラム・シャンディ』のプロットであり、
本編にも掲載されている図。

読書に没頭している時、私の思考は、その文章に対応する視覚的な模様を形成しはじめる。

カフカの『アメリカ』で描かれるニューヨークの光景のベクトルは次のようなものだ。

> 朝も夕方も、夜の夢のさなかにさえも、絶えず押し合いへし合いの往来がこの街路ではつづけられた。上から見下ろしていると、しょっちゅう新規に繰りかえしながら、妙な形にゆがんで見える人々の姿と、あらゆる種類の交通機関の屋根とがごっちゃに混ざり合っている。さらに、その雑踏からは、騒音と埃りと匂いとの新しい、複雑で荒っぽい混合物が立ちのぼってくる。そして、これらすべてのものが、ぎらつく光線に照らし出され、射ぬかれているのだ。その光線ときたら、もう無数の物体から絶間なく撒きちらされて、向こうへ運び去られたかと思うと、また執念ぶかくこちらへ近づいて来る。まるで街路の上に途方もなく巨大なガラス板でもあって、そいつが瞬間ごとにくりかえし力いっぱい粉砕されているみたいに、幻惑された目にはなにか形をおびたもののように映って見えようというわけだ。[49]

または、ボルヘスの迷路か何か……

私は迷宮を通り抜けた

不死の人たちの清潔な町に対して恐怖と嫌悪を抱いた

今言ったような特徴が現実を忠実に写したものなのか、あるいは私の夜を不安なものにしたさまざまな形象

がこれまで挙げた例が自分でもよく分からない。ただ長年の間私の悪夢なのは間違い

出口のない廊下、高すぎて背の届かない窓

堅穴にしか出られない大袈裟な扉

というのは人を戸惑わせるために作られた家であり、その目的に合うように建物には

あの壮大な建造物の壁面に宙吊りになっているべつの階段は、どこにも通じておらず、二、三回螺旋を描いた

殿を隅から隅まで調べたわけではないが、あそこには目的というものが欠けていた

ホルヘ・ルイス・ボルヘス『エル・アレフ』より［50］

または、ルイ・アラゴンの『パリの農夫』であれば、重なったり波打ったりする何か……

「ふと気がつくと、目の前のショー・ウィンドーが、緑がかった光線のなかに、海底にもぐった

あったことか。それは魚群の放つ燐光にも等しかった。ぼくがまだ子供だったころ、(中

はけっきょくのところ海の棲息者たちのような発光性があるのかもしれないが、物理的

くとは思えなかった、ということである。そのうちにふとこの響きに聞き覚えがあることをさとった。これは詩人や映

（ただし、これらの形を、見たのか、感じたのか、「単に」理解しただけなのか、それを判別するのは難しい）

光源の見えぬまま浸されているではないか。不意をくらったこのときのぼくの驚きはどんなで

たことのある燐光のようであった。しかし、このことは認めぬわけにいかない、すなわち、杖に

の超自然的な光の説明、とりわけ鈍くこもったようにドームを満たしている響きの説明がつ

がたえずうわさにしていたあの貝の鳴き声ではないか。オペラ座横丁のほんものの海に、」[51]

SIGNIFIERS

意味しているもの

私たちが本を読む時には、**言葉しか見えない**という瞬間がある。本を読む時に見ているものは、**確かに**書体が形成する言葉であるが、私たちはその向こうを見る訓練をされている。つまり、言葉と書体が指しているものを見るという訓練を。言葉は矢のようなものだ。言葉は**確かに**何かである。そして言葉は何かに**向けて**指し示されている。

＊＊＊

ベケットは、ジェイムズ・ジョイスの『フィネガンズ・ウェイク』について次のように述べている。「これは書かれてさえいないのである。読まれてはならない――いやむしろ、読まれるだけであってはならないのだ。目で見、耳で聞かなければいけない。氏の文章はなにかについて書いたものではなく、そのなにかそのものなのである」[52]

言葉が透明のように思えるのは、その構造と目的のためであるが（言葉はシニフィアン〔意味しているもの〕である）、同時に、読書する行為が**習慣的**なものだからだ。私たちは「矢」を見慣れているので、示された方向だけを見ることができるのだ。

木 Tree

林 Wood; copse

森 Forest

実際、シニフィエ［意味されているもの］の視覚的提示を含む言語、つまり象形文字も存在する。これらの言語システムにおいては、シニフィアン［意味しているもの］は恣意的ではない。その符号は視覚的な特徴と、その指示物を共有している。それは、それが言及するものの絵である。

たとえば「木」を意味する漢字を見ると、その文字の形に目がいく。そして、この形が、ある種の定まった大きさと形をした木を思い描く手助けをしてくれる。同様に、「森」という漢字を見ると、この漢字の形状が、ある種定まった規模の森を思い描かせる。絵としての漢字に反応しているのだ。

（しかしこれは私が漢字が読めないからに他ならない）

漢字を読める人は、その言語の構成部分である絵を「見る」ことはないかもしれない。なぜなら彼らにとって漢字を読むことは習慣的なことだからだ（少なくとも私はそう教えられた）。

興味深い点――それは、読んでいる時に異質で不慣れに感じさせる本は、想像することが難しい本**ではない**ということだ。あるいは、つまり、非伝統的な物語構成の難しい本を読む時でも、私たちは見ているということを想像するのだ。

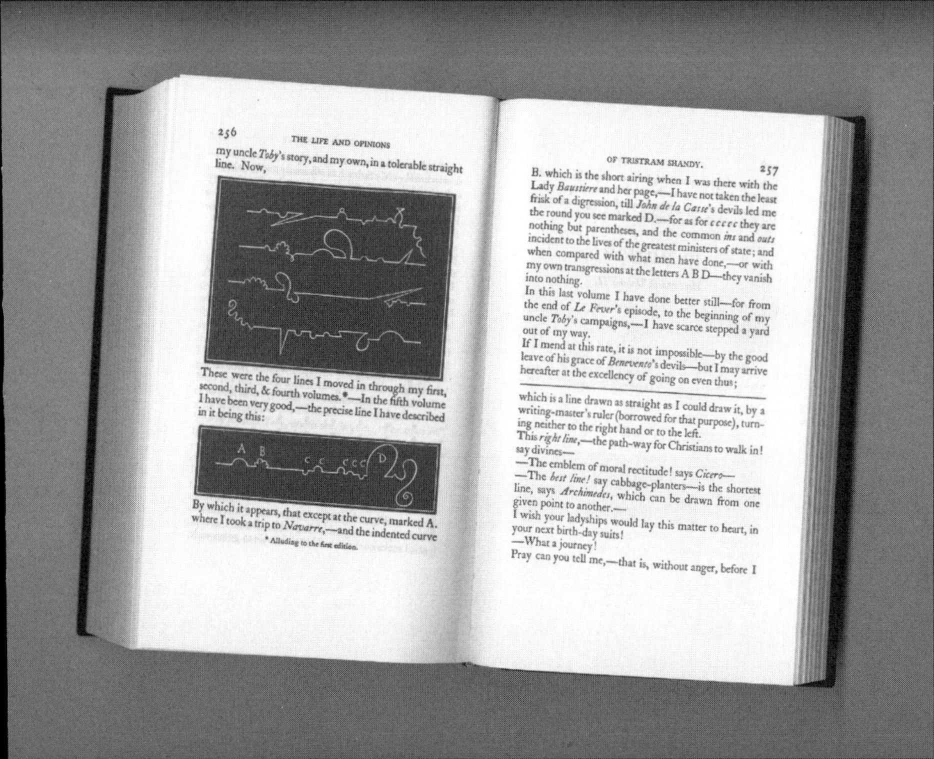
256 THE LIFE AND OPINIONS
my uncle Toby's story, and my own, in a tolerable straight line. Now,
These were the four lines I moved in through my first, second, third, & fourth volumes.*—In the fifth volume I have been very good,—the precise line I have described in it being this:
A B C C CCC D
By which it appears, that except at the curve, marked A. where I took a trip to Navarre,—and the indented curve
* Alluding to the first edition.
OF TRISTRAM SHANDY. 257
B. which is the short airing when I was there with the Lady Baussiere and her page,—I have not taken the least frisk of a digression, till John de la Casse's devils led me the round you see marked D.—for as for c c c c c they are nothing but parentheses, and the common ins and outs incident to the lives of the greatest ministers of state; and when compared with what men have done,—or with my own transgressions at the letters A B D—they vanish into nothing.
In this last volume I have done better still—for from the end of Le Fever's episode, to the beginning of my uncle Toby's campaigns,—I have scarce stepped a yard out of my way.
If I mend at this rate, it is not impossible—by the good leave of his grace of Benevento's devils—but I may arrive hereafter at the excellency of going on even thus;
which is a line drawn as straight as I could draw it, by a writing-master's ruler (borrowed for that purpose), turning neither to the right hand or to the left.
This right line,—the path-way for Christians to walk in! say divines—
—The emblem of moral rectitude! says Cicero—
—The best line! say cabbage-planters—is the shortest line, says Archimedes, which can be drawn from one given point to another.—
I wish your ladyships would lay this matter to heart, in your next birth-day suits!
—What a journey!
Pray can you tell me,—that is, without anger, before I

『トリストラム・シャンディ』

読書する際、矢の役割をするのは書体だけではない……

同様に文章も

矢である>

……そして、段落や章も矢である。小説、戯曲、物語全体が矢なのである。

オイディプス:おのれ、この人でなしめ!一塊の石でさえもお前には、憤りをおぼえるであろう。どうあっても言わぬつもりか。そのかたくなな心のまま、どこまでも強情を押しとおす気か? テイレシアス:わしの気性を責めながら、あなたと一緒に住んでいる、自分のものがみえぬのか。そしてこのわしばかりを、とがめなさる——。オイディプス:わしならずともこの世の誰が、怒りをおさえることができようか、——この国をないがしろにする、いまのお前の言葉を聞いては。テイレシアス:きたるべきものは、おのずからやってこよう。いまこのわしが、口をつぐんで蔽っておいても——。オイディプス:きたるべきことなればこそ、このわしにそれを告げるのがお前のつとめ。テイレシアス:この上ものを言うのはごめんこうむる。されば、怒りたければ思うぞんぶん、怒りにまかせて荒れくるうがよろしかろう。オイディプス:よいとも。かくなる上は怒りにまかせて、わが見ぬいた事の真相を、ひとつのこらずぶちまけてくれよう。よくきけ——この眼に狂いがないならば、お前こそはあの事件のたくらみに荷担し、さらには、みずから手こそ下さね、事をなしとげた犯人の一味とみた。もしも盲でなかったら、この仕業はすべて何もかも、お前一人のものと言うところだが。テイレシアス:まことか?——わしはあなたに申しつける、みずから言いわたした布告の命に、よく服するようにと。そしてきょうというこの日からは、これなる市民たちにも、またわしにも、けっして言葉をかけることあいなるまいぞ。この地を汚す不浄の罪びと、それはあなたなのだから。オイディプス:これはまた、よくそれだけの暴言を、臆面もなくほざけたもの。その酬いを、いかにしてのがれるつもりでいるのか。テイレシアス:のがれる必要は初めからない。わが内に宿る真理こそ、この身を守る力なのだから。オイディプス:いまのことを、誰から教えられた?占い術からだとは言わ

私にとって、戯曲『オイディプス』[53] は
下方向を指している。

読書とは、つまり、**見通す**ということであり、**越えて見る**ということである。しかし同時に、近視眼的にでも、願わくば、**前方を**見るということでもある……。

ただ見る、ということはほとんどない。

＊＊＊

BELIEF

信念

ヴァージニア・ウルフの『灯台へ』を読むと、私たちは次の文章に出会う。

「壁にピンで留められたひらひらと長い藻は、陽でぬくまって、潮と海草の匂いをさせていた」[54]

この匂いを感じるだろうか？　私はこの一文を読んだ時、感じたような気がした。もちろん、私が「感じていた」のは、その匂いの**概念**だ。実際の匂いのように生理的なものではない。私たちは想像上の匂いを感じることが**できるのだろうか？**　私は、どのようにして脳が「匂い」を構築するかという研究を専門としている神経科学者に、この疑問を投げかけた。

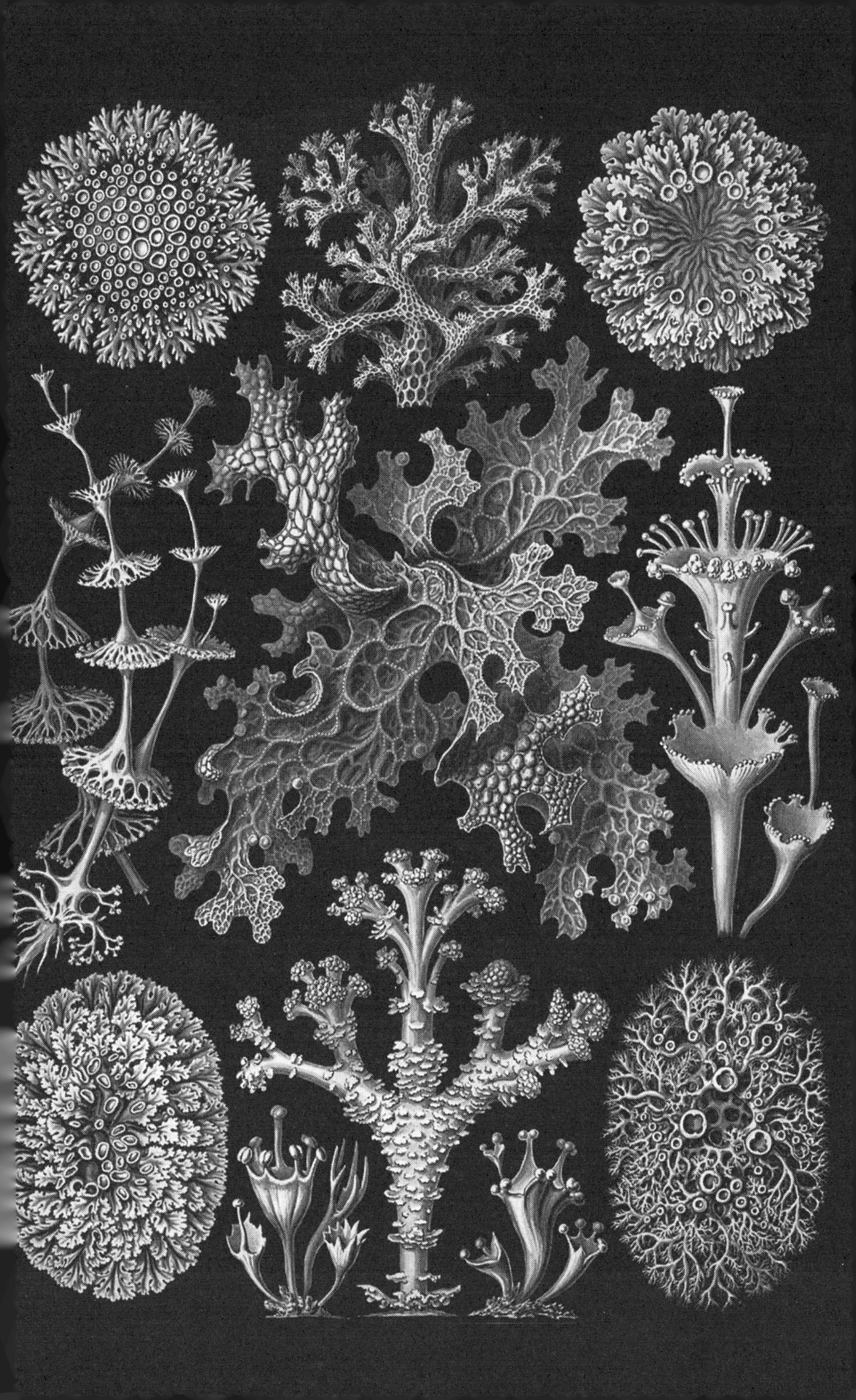

彼の返答は以下のようなものだった。

> 私はペパーミントやライラックの匂いを、思いのままに(中略) 即座に再現できると説得力をもって言える人に会ったことがない。私自身、できない。しかし、生理的ではなく知的とも言える方法で、経験の小さな断片を無理矢理絞り出すことはできる。(中略)これはなぜだろうか？　思うに、匂いは (中略) より原始的で肉体的な本質があるのだと思う。強烈な痛みや、かゆみの質を、頭の中で作り出すことはできないし、どの程度であってもそれを感じることはできない。おそらくこれは、匂いが原始的な刺激だからだろう。(中略) ある意味、より原始的な刺激は、生き抜くためにより重要なのである。目の前に存在しない食べ物や敵やつがいの相手を想像で匂いを嗅いでしまっては、間違った行動をとるリスクが伴う。このような間違った信号や警告は、生きていく上で困難を招く可能性がある。

想像する時、感覚の経験は鈍る。想像上の感覚と実際の手がかりを区別するためである。私たちは経験を「知的とも言える方法で」「無理矢理に絞り出す」のだ。

興味深いのは、ほとんどの人が、匂いを完全に、生理的に想像できると思い込んでいることだ。あるいは、読書中に**何かの匂いを嗅いだ**と自分に言い聞かせている。

(本を読んだということは、完璧に、それを**想像した**ということである)

読者

「潮と海草」の匂いについて。

私は**これ自体の**匂いを嗅いではいない。私は、共感覚的な変質を行なっているだけだ。「潮と海草の匂い」という言葉から、私がかつて滞在したことのある、海辺の夏の別荘の概念を呼び起こしている。その経験は、真の匂いの記憶をひとつも内包していない。それはほのかな残像を残す**ひらめき**である。それは幻のようで、変化している。まるでオーロラだ。

実体のない要素でできた星雲なのだ。

論点の限界点——私が誰かに、（生理的に）記憶から匂いを思い起こすことはできないと信じていると言うと、彼らは記憶から匂いを感じることができると信じているために、非常にがっかりする。世界を完全に複製して概括できないということは、私たちにとって恐ろしくて混乱することなのだ。思考や記憶、そして私たちのこの意識を描写するために使う隠喩はなかなか手放せない。小説を読むことは映画を見ることのようだと、私たちは自分に言い聞かせる。歌を思い出すことは、客席に座ってそれを聞き直すのと同じようなことだ。私が**タマネギ**という言葉を発すると、あなたは、タマネギの匂いを嗅いだ時に思いを馳せる。これが実際に起こっていることとは違うと言うと、人は当惑する。

＊＊＊

「**あなたは**匂い（あるいは音）を記憶から呼び起こすことができないかもしれないけれど、それはあなたの嗅覚（あるいは聴覚）が劣っているということかもしれない」と言う人もいるだろう（まあ、いいだろう）。「でも、とても鋭い嗅覚の持ち主、たとえばソムリエとか、香水の職人は、生理的に匂いを呼び起こすことができるでしょう」

ソムリエは私よりも敏感で複雑な嗅覚による反応を持っているだろう。結果として、ソムリエは、匂いを呼び起こすための、より優れた、より完全な連想能力を持っていることになる。つまり、匂いに関する引き出しが非常に豊かで、判断や分類をするための基準を多く持ち合わせているのだ。ある匂いは、刺激があり、ほのかに果実を思わせる香りで、別の匂いは、スパイシーで酸味があり、専門家にしかわからないような範囲の香りかも知れない。しかしこの知識は、嗅覚的な記憶の蔓《つる》をぶら下げる架空の格子以上のものではないのだ。

しかし、この蔓《つる》は開花もしないし、果実を結んだりもしない。私たちの思考の中では。

私は視覚的な人間だ（と、言われている）。私は本の装丁家で、私の生計は、一般的な視覚の鋭さだけでなく、文章の中にある、視覚的な手がかりやヒントを認識する能力にかかっている。しかし、人物や水仙や灯台や霧を想像するということにおいては、私は皆と同じように盲目である。

＊＊＊

読書中にはっきりと思い描いたり、嗅いだり、聞いたりする能力は、自分がそれをできると思い込む強さによるのだろうか？意志や目的に応じて思い描くことができると思うことは、思い描くことと同義である。

私たちは本を読む時に、受動的に**幻影**を受容している
という考え方に同意（確信）している。

> わたしが見ていると、見よ、激しい風と大いなる雲が北から来て、その周囲に輝きがあり、たえず火を吹き出していた。その火の中に青銅のように輝くものがあった。[55]

ともすれば、読書による想像は、論理で噛み砕くことのできない、根本的に不可思議な経験なのかもしれない。これらの幻影はまるで啓示のようだ。超自然的なところから現われ、私たちに**属する**ものではない。それらは私たちの**上に**訪れたものだ。もしかすると、幻影は、読者と作家の形而上学的な斉唱なのかもしれない。作家が普遍的特性に合図して、その媒介となるのかもしれない（そのプロセスは**超自然的**かもしれない）。

> ふりむくと、七つの金の燭台が目についた。それらの燭台の間に、足までたれた上着を着、（中略）人の子のような者がいた。そのかしらと髪の毛とは、雪のように白い羊毛に似て真白であり、目は燃える炎のようであった。[56]

読者が「見る者」であるという概念こそが、そして、読書経験を描写するために使う慣習が、この言い伝え、つまり、天恵、告知、夢幻、神託、そしてその他の宗教的、奇しきものの出現といった言い伝えに由来しているのかもしれない。

天使、悪魔、燃える荒野、女神、夢、発作、薬物による幻覚……

夢幻（ジェフリー・チョーサー）

そして、横たわって眠っている間に、私は夢を見た。
以前、スキピオが会った時と　全く同じ服装で、
アフリカヌスが、やって来て、
私の枕元に　立っていた。[57]

詩的幻影（ブレイク）

そしたら通りかかったんだピカピカの鍵を持った天使だよ、
そしてお棺を開けてみんなを全部放してくれた。[58]

麻薬による幻影（ド・クインシー）

或る劇場が俄かに私の脳中に開かれ、明るく照らし出されたやうに思はれた。而もそれは現世のそれよりはもつと華麗な夜景を呈するのであった。[59]

幻覚（シェイクスピア）

短剣か、そこに見えるのは？　柄《つか》をこちらに向けて。
よし摑んでやる。[60]

癲癇による幻覚（ドストエフスキー）

ふいに脳髄がぱっと焔でも上げるように活動し、ありとあらゆる生の力が一時にものすごい勢いで緊張する。生の直感や自己意識はほとんど十倍の力を増してくる。が、それはほんの一転瞬の間で、たちまち稲妻のごとくに過ぎてしまうのだ。[61]

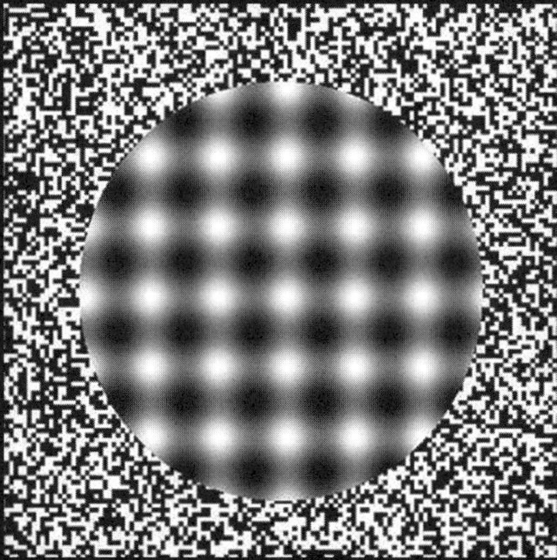

夢

主体度

鮮明度

透明度：自己認識度

心から独立した対象への影響

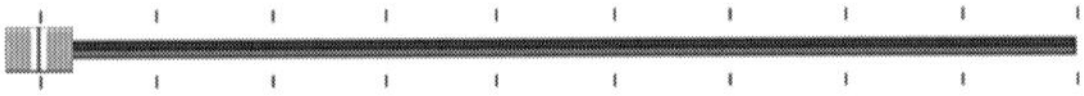

幻覚

主体度

鮮明度

透明度：自己認識度

心から独立した対象への影響

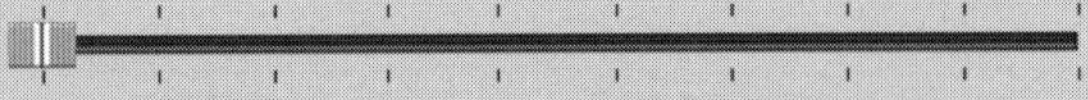

真の知覚

主体度

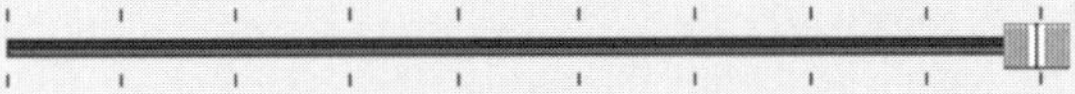

鮮明度

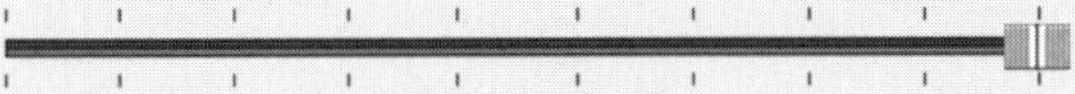

透明度：自己認識度

心から独立した対象への影響

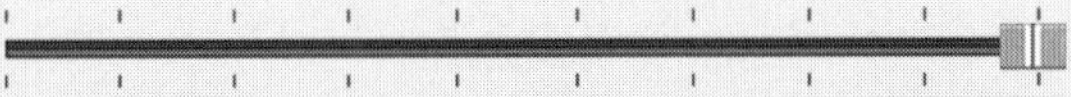

読書における想像

主体度

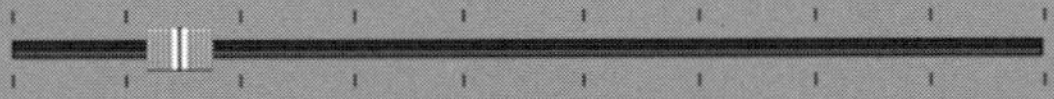

鮮明度

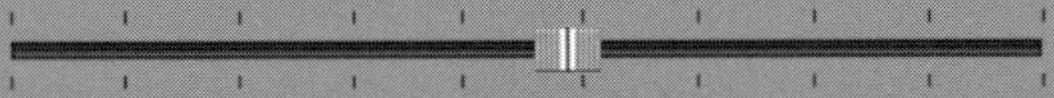

透明度：自己認識度

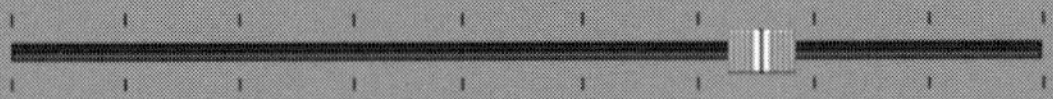

心から独立した対象への影響

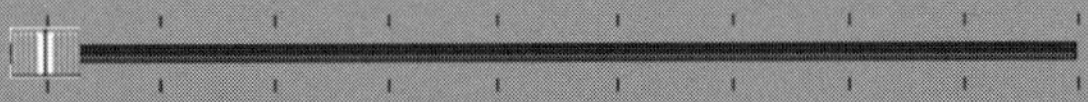

文学の幻影は、宗教的自己啓示のように、あるいは観念的な真理のように、現象的な現実そのものよりも**現実的**だと断言できるだろうか？　その幻影は、より深い真実性のあり方を指しているだろうか？（あるいは、現実世界を模倣することによって、**現実世界の**非真実性の方を指しているだろうか？）

にせもの

MODELS

模型

Ceci n'est pas la pipe du Stubb

「これはスタッブのパイプではない」
［スタッブは『白鯨』の登場人物。パイプを吸う］

何かについて、たとえばある場所や人について本を読む時、私たちはそれが属する本質からそれだけを取り出し、とらえる。私たちはそれを区別する。区別されていないものから切り取る。スタッブのパイプを考えてみてほしい。あるいはアキレウスの盾でもいい（この物は、その他の物すべてと異なる。この物は、エイハブの義足でもヘクトールの兜でもない）。次に、その物の心的表象［心の中に思い描くイメージ］を形成する。これはこういうパイプで、ああいうパイプではない、と。心的表象を形成するのは、そうすれば記憶できるからだ。そして、このパイプの記憶を操作して、その情報を再利用することができるからである。この描写は模型のようなものである。だから私たち読者は模型の制作者でもある。

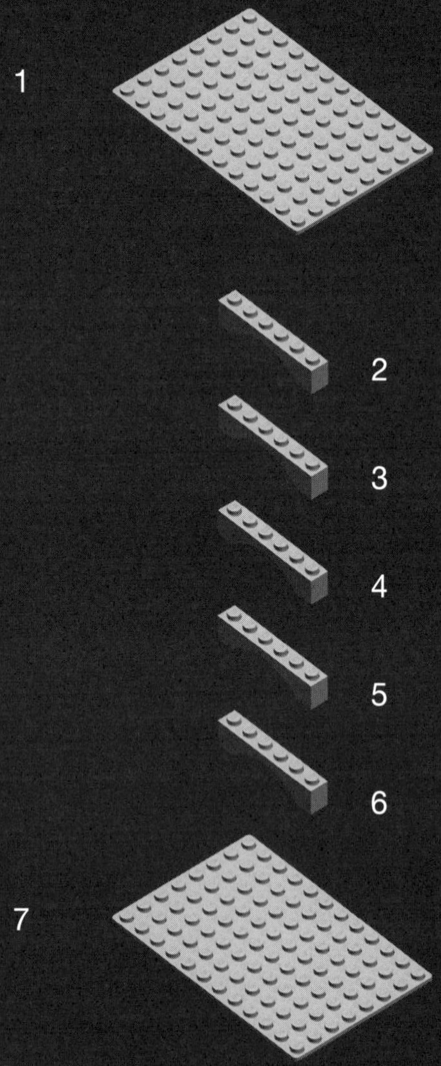
1
2
3
4
5
6
7

ジャン・ピアジェは、その思考を「心的表象」だという。

しかし、**どのような**表象なのか？　記号？　象徴？　言葉？　命題？　絵？

＊＊＊

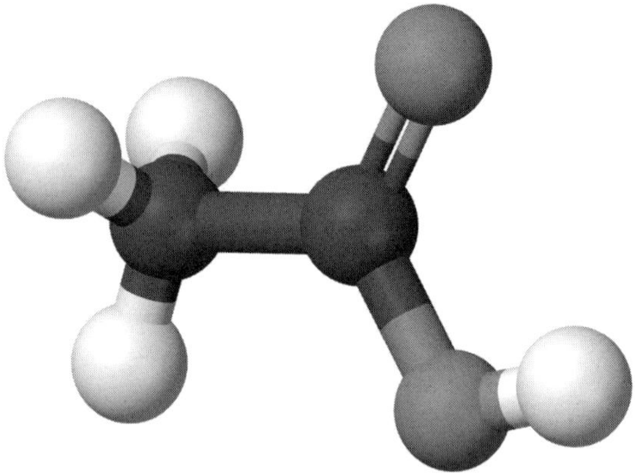

分子模型

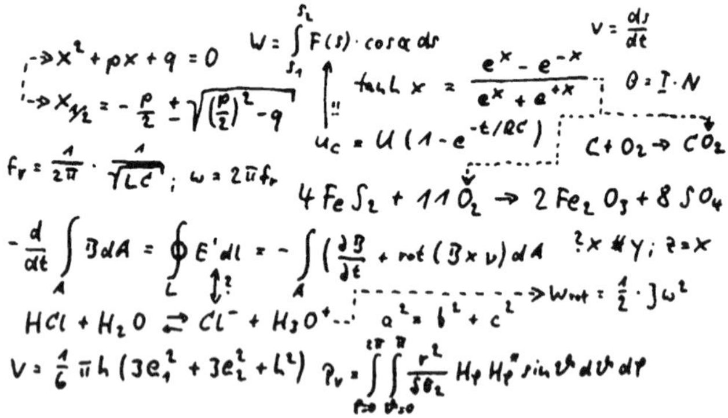

複雑な数式

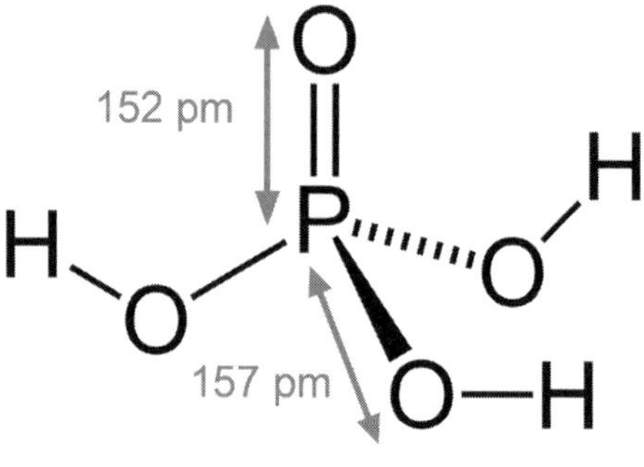

構造式

EQUOS （ラテン語で「馬」の意）

ARBOR （ラテン語で「木」の意）

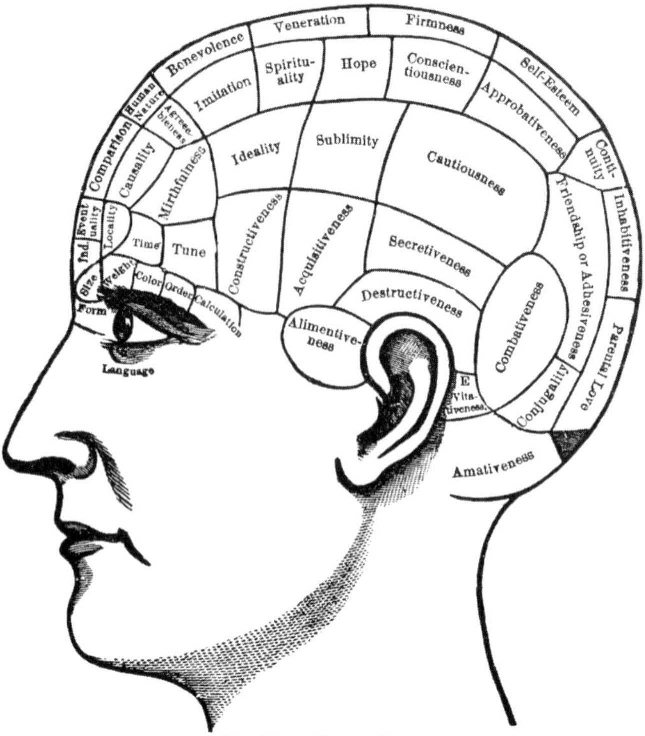

Fig. 264.—Model Head.

NAMES, NUMBERS AND LOCATION OF THE MENTAL ORGANS.

1. Amativeness.—Connubial love, affection.
A. Conjugal Love.—Union for life, pairing instinct.
2. Parental Love.—Care of offspring, and all young.
3. Friendship.—Sociability, union of friends.
4. Inhabitiveness.—Love of home and country
5. Continuity.—Application, consecutiveness.
E. Vitativeness.—Clinging to life, tenacity, endurance.
6. Combativeness.—Defence, courage, criticism.
7. Destructiveness. — Executiveness, push, propelling power.
8. Alimentiveness.—Appetite for food, etc.
9. Acquisitiveness.—Frugality, economy, to get.
10. Secretiveness.—Self-control, policy, reticence.
11. Cautiousness. — Guardedness, care-taking, safety.
12. Approbativeness.—Love of applause and display.
13. Self-Esteem.—Self-respect, dignity, authority.
14. Firmness.—Stability, perseverance, steadfastness.
15. Conscientiousness.—Sense of right, justice.
16. Hope.—Expectation, anticipation, perfect trust.
17. Spirituality.—Intuition, prescience, faith.
18. Veneration.—Worship, adoration, deference.
19. Benevolence.—Sympathy, kindness, mercy.
20. Constructiveness.—Ingenuity, invention, tools.
21. Ideality.—*Taste*, love of beauty, poetry and art.
B. Sublimity.—Love of the grand, vast, magnificent.
22. Imitation.—Copying, aptitude for mimicry.
23. Mirth.—Fun, wit, ridicule, facetiousness.
24. Individuality.—Observation, curiosity to see.
25. Form.—Memory of *shape*, looks, persons, things.
26. Size.—Measurement of quantity by the eye.
27. Weight.—Control of motion, balancing.
28. Color.—Discernment, and love of colors, hues, tints.
29. Order.—*Method*, system, going by *rule*, arrangement.
30. Calculation.—Mental arithmetic, numbers.
31. Locality.—Memory of place, position, travels.
32. Eventuality.—Memory of facts, events, history.
33. Time.—Telling *when*, time of day, dates, punctuality
34. Tune.—Love of music, sense of harmony, singing.
35. Language.—*Expression* by words, signs or acts.
36. Causality.—*Planning*, thinking, philosophy
37. Comparison.—Analysis, inferring, illustration.
C. Human Nature.—Sagacity, perception of motives.
D. Suavity.—*Pleasantness*, blandness, politeness.

文学上の登場人物の心的表象を形成する際に、私たちは何を形作っているのだろうか？　**魂？**

私は問い続ける……本をよく読む人たちに、物語の中心人物を描写するように頼んでみるのだ（読み終えたばかりの本か、あるいは、何度か読んだことのある本の人物についてのみ使っていいことにする。そのほうが、どのようなイメージを思い浮かべようとしても鮮明なはずだからだ）。被験者たちは、その人物の身体的な特徴をひとつかふたつ挙げてくる（たとえば、「背が低くて薄毛」）。それから人物の人格についての長めの説明が続く（「臆病者で、不幸で、後悔が多い」など）。たいてい私はそれを途中で止めて、単に身体的な特徴の描写を頼みたい、と念を押すことになる。

つまり、私たちは人物の**外見**と、その人物の想定上の**人となり**とを混乱しがちだ。

まったく、本を読む私たちときたら、逆行する骨相学者のようだ。思考から体格を推定するのだから。

＊＊＊

「大きな鼻は、偉大なる魂のしるしである」
——エドモンド・ロスタン『シラノ・ド・ベルジュラック』

バック・マリガン（覚えているだろうか？　ジョイスの『ユリシーズ』冒頭で登場する人物だ）について……

彼について私たちにわかっている他の事柄は以下のようなものだ。

> 「馬づら」、「陰気な」顎、「がっしりと」「引き締まった体」、明るい髪、白い歯並び、「くすんで青みがかった」目を持ち、「せっかち」で、時おり顔を赤らめるため年齢より若く見え、ガウン姿で、チョッキを着ていて、パナマ帽をかぶっていて、顔をよくしかめ、「猫なで声」で「荒っぽく」、「嬉しげなにたにた笑い」を浮かべ、まっすぐに立ち、「猥雑」な顔で、「学生監のようにむっつり」、「嬉しげ」、「うやうやしく」、「重々しく」「蜜でくるまれた悪意」たっぷりで……[62]

このような描写はバック・マリガンを思い描く何の手助けにもならない（いくつかはまったく矛盾しているものもある。たとえば、「肉づきのいい」と「馬づら」など）。

そして、これらバックの描写は、事実、誰の説明でも**あり得る**のだ。しかし、これがバックを紹介し、定義づける形容語句なのである――「厳かに」、「肉づきのいい」。しかし絵としてではない。私にとってこの描写は、**型**の指定である。

（この「厳かに」と、「肉づきのいい」は、カテゴリーであり、特徴の説明であるが、それほど描写はしていない）

私たちは寓話の持つ描写の豊かさをあえて讃えたりしない（多くの人が小説においてその部分を賞賛するのとは対極的だ）。寓話では、登場人物はわかりやすく一般化された型をとっている。

寓話や神話の登場人物と舞台設定は単調で、故意に平面的で漫画的なその要素が、こういった文学的システムが正しく機能することを可能にするのだ。この場合に重要なのは、たとえば心理的に詳細な描写よりも、普遍的に適応できるかどうかだ。なぜなら私たち読者が、こういった話を読む時に、キツネやタカやバッタや森の神やシカになることがあるからだ。

（寓話では、登場人物と設定の様式化された視覚的要素が読者には明らかだ。それでも、自然主義文学においては、非常に心理描写が豊かな人物や、いきいきとした場面描写ですら、視覚的には単調なのである）

廲歴の騎士、ハーレクイン・ロ
マンス、狂った科学者、邪悪
なピエロ、武術の老師、探偵
アクション・ヒーロー、老女
白人猟師、オールドミス、宇
宙での戦争、渋いヒーロー
純情娘、オタク、女神、すぐ死
ぬ脇役、美しい心を持った娼
婦、怖い婦長、うっかり博士
酔いどれ、アメリカ南部の上
流婦人、孤独な流れ者、道
楽者、盲目の預言者、破廉恥
ケ、白痴、市井の人、火星人

あらゆるジャンルの小説における**あらゆる**登場人物は、単に視覚的な型で、体格、体型、髪の色といった、特定のカテゴリーの一例にすぎないのだろうか？

私は小説を読みながら、そうではないような気がしている。巧みに描かれた登場人物は個性的だ。しかし、この個性は心理的な独自性にすぎない。すでに何度も述べているように、作家は、登場人物の外見に関しては、ほとんど情報を提供してくれない。だからこそ、登場人物を視覚的に個性的なものとして想像するのが困難なのだ。視覚的な**深み**を持った人物として想像するのは難しい。

それでも、深みがあると思えてしまう。

「アメリカの原住民的な要素［インディアン性］」こそが重要なのだ。（中略）羽根、高いほお骨、股間のあたりが色落ちしたズボンもなく、トマホークの代わりにピストルを使わせて、いったい何がおもしろいのだ？　私はつかの間の緊張感ではなく、物語の世界が属するすべてを望んだ。雪や雪ぐつ、ビーバーやカヌー、戦の小道［ネイティブアメリカンが戦争に出る時に使う道］、ウィグワム［ネイティブアメリカンが使うテント］、原住民特有の愛称も」

——C・S・ルイス『On Stories』（物語について）

そして、登場人物や場面設定はこの見せかけの**深み**をいかにして獲得するのだろうか？　言葉上の構造はどのようにして**感じられる**に至るのか？

どのようにして、それらが、私たちの思考の中で完成されたものとして出現するのか？　それらはどのようにして、視覚的に

鬼畜little sister 弟のためなら愛もまた

THE PART & THE WHOLE

部分と全体

私は今『イリアス』を読んでいる。そしてホメロスが登場人物のアキレウスの身体的属性をほとんど与えていないことに気づく（もう驚きもしないが）。この本を読んで得たアキレウスの情報のほとんどが推定だ。

幸運なことに（アキレウスを、たとえばパトロクロス〔トロイ戦争で死んだアキレウスの友人〕など他の誰かと勘違いしないように）、アキレウスには形容語句が添えられている。「駿足の」アキレウスだ。

この形容語句は、名札のようなものだ（ホメロスらしい形容語句は、読者やホメロス自身の記憶を助けてくれる装置にもなる)。女神アテナに添えられているのは、「灰色の目の」という意味の「*glaucopis*／グラウコピス」という語句である（あるいは「白い腕《かいな》の」とも呼ばれる)。女神ヘーラーは「牝牛の目の」だ。

（私はずっと、このイメージの悪意ある感じが大好きだった。これらの形容語句は、伝統的に執拗で嫉妬深く、口やかましく描かれる女神に、同情的で心理的な深みを与える）

これらのさまざまな形容語句は、描写というよりは様式化されたものだ。

ホメロスの形容語句はたいてい視覚的に思い描きやすい。しかもしばしば**ピクチャレスク**である。ピクチャレスクだということで、記憶しやすくなる。*

＊＊＊

＊たとえば、「葡萄酒色の大海」とはどんな海だろう？　これに関しては多くの議論がなされている。葡萄酒色の大海は日没か日の出により、ほんのりバラ色がかった緑か青色だろうか？　ホメロスの海は青い海か？　またはホメロスには赤く見えたのか？　ギリシャ人は青を**見る**能力があるのか？　ゲーテは、『色彩論』の中で、ギリシャ人にとって色は厳格に区別されていたわけではないといっている。「純粋な赤（purpur）は温かみのある赤と青の間を変動し、深紅に傾く時もあれば、菫色に傾く時もある」[63]ということは、ホメロスの海が「葡萄酒色」に見えたのは、「そう見えた」からなのか？　または、「葡萄酒色」が詩人としてリズムが良かったのか？　または、覚えやすい形容語句だったからか？

HELLO
MY NAME IS
Ox-eyed
牝牛の目

「灰色の目」と「牝牛の目」は、単に写象的なだけではない。「牝牛の目のヘーラー」と言われた時に、まぶたの重い目を単体で思い浮かべるわけではない。

ヘーラーの目は、ある程度は、その人物設定全体を言い表わすものだ。彼女の**部分**であり、彼女の全体性を表わす代理だ。ヘーラーの目は、換喩と言われるものの例である。換喩は、ひとつの物（または概念）が、関連する何か別の物（または概念）で呼ばれる比喩的表現のことである。一般的に、この関連する概念は**突出している**。たとえばペンタゴンとは……

建物のことだが、より重要なのは、ペンタゴンはその建物の中にあるアメリカの軍事指導部であるということだ。あの建物は、関係、関連する概念の同義語のようなもので、アメリカ国防省を**代わりに表わす**ものである。同様に、「ホワイトハウス」という表現は、すべての、アメリカ大統領に関連する官僚のことで、(さらに言えば)、「ワシントン」はアメリカ政府のすべてを表わす。ここで、具体的な事実(地理的な場所、建物)は、より複雑に絡み合う概念の代理なのである。

* * *

ヘーラーの目は換喩の例だ。

しかし、もっと特定的に言えば、ヘーラーの目は提喩の例である。提喩とは、部分が全体を表わす換喩である。

たとえば、人（海兵）は「手」になる。

“All hands on deck!”

「全員甲板に集合せよ！」
［海軍用語。「all hands」が「船員全員」にあたる］

または、

“Nice *wheels* . . .”

「いいタイヤだ……」
［タイヤが車そのものにたとえられている］

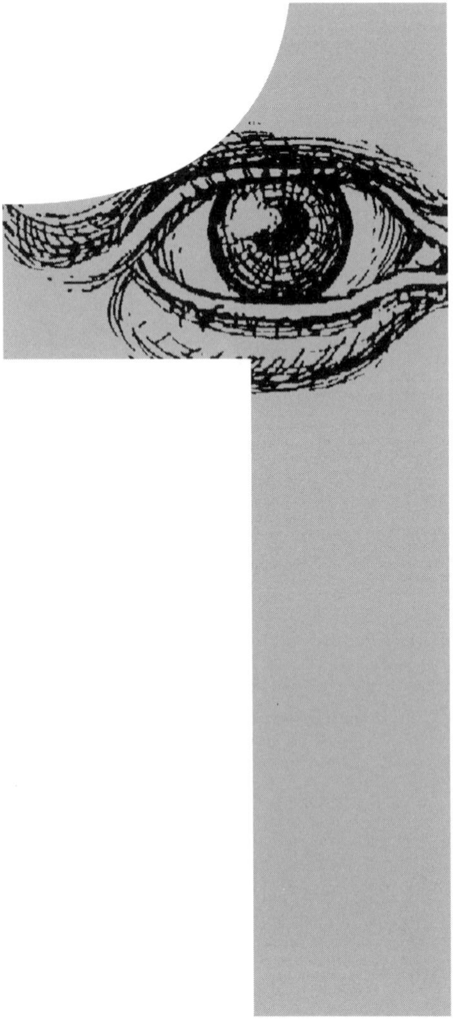

ヘーラーの目は原子的な構成要素で、より大きな分子的複合体を言い表わし、埋めていくものだ(現実の人々をバラバラの構成要素の集合体だと思わないように、登場人物を、部分の集まりだとは考えない。人々／登場人物は、全体としての単一体だと理解する)。

私は自分自身を「単一」と考えていて「多数」とは理解していない。

アンナ・カレーニナの場合、私たち読者が把握している彼女の一部分、彼女の「きらきらした灰色の目」はアンナ**そのもの**なのだ。彼女の目は、ヘーラーの目のように、提喩的で、アンナの形容語句なのだ。

換喩は、隠喩のように、私たちに本来備わっている言語能力の一部だと考えている人もいる。それどころか、人間に生来の認知能力の基礎となる、より重要な要素だと考えている人もいる（部分は全体の一部であるという「部分－全体関係」の理解は、現実世界を理解して、その理解を他者に伝えるためにはとても重要な道具である）。具現的な生き物である人間は、実体、肉体から成り、つまりは部分から成っているということだ。身体を持って生まれたということには、この関係性、この堤喩の、生来の抽象的な意味を持って生まれたということを伴う。

（自分の爪を見て欲しい。あなたは、ある意味その爪それ自体であるが、あなたの爪は、あなた自身の部分でもある）

この全体から部分を推定する生まれ持った能力は根本的かつ再起的で、私たちは部分－全体構造を理解することで、現実世界において精神的にも物理的にも何らかの方法で機能できるようになるのと同じように、登場人物を**見る**ことができ、物語を見ることができるようになるのだ。

＊＊＊

全体のために部分を認識するのは、ある種の置き換えである。

隠喩と類推もまた、換喩のように、置き換えである。

シェイクスピアの戯曲で、ロミオがジュリエットを太陽にたとえる時、彼は類推している（ジュリエットは太陽の**よう**だ）が、太陽をジュリエットに置き換えさせてもいる（ジュリエット**は**太陽だ）。ロミオは、さらなる情報を生み出し、抽象的であれ具体的であれ、その他の関係性を理解するための隠喩として使っているのかもしれない（たとえば、ロザラインは月のようだ、など）。このようにしてジュリエットの隠喩は、頭の中に出現させるには複雑すぎる登場人物としての「ジュリエット」に取って代わる。これによって、ジュリエットが太陽であるという新たな名札になるのである。

読書経験を
説明
するために
本書で
使われた
隠喩の
一部

アーチ
矢印
原子
観客
オーロラ
湯船
橋
カメラ
蝋燭
漫画
車旅行
椅子
時計
回廊
コイン
コンピュータ・プログラム
指揮者
コンテスト
ダム
夢
目
眼（内心の）
まぶた
家系図
フィルム
霧
機能
じょうご
チェス
グラスいっぱいの水
メガネ
幻覚

ナイフ
図書館の本
列
鍵のかかった部屋
虫メガネ
地図
迷路
隠喩それ自体
顕微鏡
模型作り
分子
音楽
オーケストラ
精神療法
パズル
宗教的幻影
川
道路
道路標識
ロールプレイングゲーム
ロールシャッハ・テスト
規則書
写生
スポットライト
教科書
ベクトル
ビデオゲーム
散歩
壁
葡萄酒

形容語句と隠喩は名前ではない。しかし、どちらも説明ではない。作者が登場人物の代わりにどの要素を選ぶかというのは非常に重要な問題だ。そのやり方によって、作者は、その登場人物をさらに**定義づける**ことになる。仮に、バック・マリガンが「厳かに、肉づきがいい」ならば、それは重要な理由があって、そうなのである。

すでに述べたように、形容語句の使用という技法は、私たち自身が周囲の（現実の）人々を定義づける方法かもしれない。周囲の人々の特質を前面へ押し出す。私たちは彼等の部分を「最前面」に出し、その部分で納得する（私は、ある友人のことを考える時、彼のメガネのことしか思い浮かばない）。

そして私は……

はたしてそれ以外に方法があるのかと
考えてしまう。

そのような道具なしには、世界は、機能不全になるほど豊富で複雑な情報を私たちに与え続けることになる。

機能不全に
なるほど機能不全
複雑な情報
機能不全に
複雑な情報
なるほど
豊富で
豊富

IT IS BLURRED

ぼやけて見える

世界は断片からできている。不連続で、散らばった、断続的な点。

(私たち自身もそうだ。私たちの同僚もそうだ。配偶者も、両親も、子供たちも、友人も……)

私たちは、自分自身や周囲のことを読み取り、形容語句を与え、隠喩、堤喩、換喩することによって知る。世界で一番愛している人のこともそうだ。彼らの断片と彼らに置き換えられたものを読み取っているのだ。

私たちにとって、世界は未完成で進行中である。私たちは未完成で進行中である世界の断片を、時間をかけてつなぎあわせ、統合しながら理解していく。

私たちが知っていることは、異なる要素を統合したものだ(それが私たちの知っているこのすべてだ)。

それにも関わらず、私たちは全体性を信じ続けている――見るということの虚構性を。*

＊**幻影それ自体**、両眼視は虚構――ひとつの統合体――である。その中で、私たちは世界の中に見える2つの明確な視覚上の光景を組み合わせている(鼻は差し引いて見る)。

幻想
幻影
痕跡
破片
残骸……

世界（私たちに識別できる世界の部分）を理解する時、私たちはひとつずつ理解していく。こういった世界の一部分は、私たちの意識的知覚だ。この意識的知覚が何から構成されているか私たちにはわからない。しかし、世界で経験したことは、すでに現存し、私たちが形成の一端を担う（記憶、意見、素質などからなる自分自身の）意識的知覚の混合物であると、私たちは考えているのだ。

作家は経験をキュレーション（収集・整理・管理）している。世界の雑音をろ過して、その雑音の中から可能な限り純粋な信号を作る。つまり、無秩序から物語を作るのだ。作家はこの物語を本という形に収める。そして、言葉にできない何らかの方法で、読書という経験を管理している。しかし、作家が読者に提供する情報群が、いかに念入りにろ過され、綿密に再構築された純粋なものであっても、読者の脳は命じられた任務――つまり、分析し、選別し、分類すること――を遂行するだけなのだ。私たちの脳は、世界中に存在する、ろ過されていない暗号化された信号と同様に、本というものも、ろ過されていない信号と見なしている。つまり、作家の著作は、読者にとっては、雑音という種に属しているのだ。作家の世界観をできるだけ自分たちの中に飲み込んで、私たちの思考の中にある蒸留機の中で、その素材を自分たち自身の世界と混合し、組み合わせ、何か唯一独特のものに変質させるのだ。私は、これがあるから読書が「機能する」のだと言いたい。本を読むことは、読者が世界を知るためのこの手順の反映である。世界についての真実を物語が教えてくれるということでは、必ずしもない（教えてくれることもあるかもしれないが）。本を読むという活動は、意識そのもののように感じ、また、意識そのもののようなものだ。つまり不完全で、部分的で、かすみがかっていて、共同創作的なものなのである。

＊＊＊

人生における数多くの偉大なるミステリーのひとつが、これだ——世界はそれ自身を私たちの前に差し出す。私たちはその世界を飲み込む。縫い目やひびや欠陥は目に入らない。

何ひとつ逃してはいない。

『灯台へ』にふたたび戻ろう。

リリー・ブリスコウは芝生の上で絵を描いている……

TO THE LIGHTHOUSE
VIRGINIA WOOLF

リリーの絵は、その抽象性も含め、ウルフによる創造行為全般、つまり、作家、あるいは詩人、あるいは作曲家による、このつかみきれない世界を再構築することの、中心的な隠喩なのである。より具体的に言うと、この絵はヴァージニア・ウルフによる『灯台へ』という本の代替である。

リリー・ブリスコウの絵は、どのように場面を再現するのか？ラムジー夫人、ジェイムズ、ラムジー一家の家、窓を、どのように再現するのだろうか？

でも、じつはあのおふたりを描いた絵ではないんです。リリーはこんどはそう言いだした。少なくとも、バンクスさんの考え方でいけば違うでしょう。母と子を敬うにもいろいろ考え方があると思うんです。たとえば、ここに影を描き、そちらに光を描くことで表現するとか。絵画は一種の敬意たれというのであれば——ええ、私はなんとなくそう考えているのですが——私の敬意はそんな形をとったということです。絵の中で母と子が影になっても失礼にあたるとは限らない。[64]

MATES POUR LA DE
RT ÉMERAU
NC SÉRIE P —
DE CHROME
DÉCORATION
FRANC & C
MINE ORAN
DÉCORATION AR
FRANC & Cie—P
NC D'AR
ARBONATE DE PL
lver white mi
emserweiss m
ANC & Cie—
QUE DE GAR
ORDINAIRE
Madder lake
Krapplack
EFRANC—PA
SIENNE
Burnt Sien
di Sienna ge
EFRANC—
EU DE COB
Cobalt blue
Cobaltblau
FRANC—PA

私たちは、要約する。

作家は文章を書く時に要約し、読者は読む時に要約する。脳そのものが、要約し、置き換え、表象化するようできているのだ。信憑性は偽の偶像であるだけでなく、到達できないゴールでもある。だから、私たちは要約する。私たちはこのようにして世界を理解する。これが、人間のすることだ。

物語を思い描くことは、絵の中で人物が影にされてしまうように、要約することである。そうすることで意味を作り出す。

その影が私たちが見ている要約された世界だ。要約されたものが、私たちが本を読む時に見るものであり、私たちが世界を読み解く時に見るものだ。

要約されて見えてきたものが、本を読むことの外見であるとたとえることができる（本を読むことが何らかのものに見えるのだとしたら）。

＊＊＊

リリーは絵を描く。

没頭したリリーの意識は外の世界から離れつつあった。まわりのことも、自分の名前や性格や外見のことも、カーマイケル老人がそこにいるかどうかも忘れ去る境地に入りこみ、心がその内奥からさまざまな光景や名前やことばや思い出や考えを噴水のように吹きあげて、あの睨みをきかせる恐ろしく気むずかしい白いカンバスの上に溢れさせる。[65]

（中略）これも人を知るひとつの方法には違いない。もちろん細かいことはわからずとも、その人の輪郭を知ることはできる。[66]

細部ではなく、あくまで輪郭を描くのだ。

> まぎれもなくここにある――自分の絵が。そう、緑や青をふんだんに使い、ラインを縦横に描きこみ、なにかを表現しようとしているものが。(中略)上がり段に目をやれば、そこにひとけはない。またカンバスに目をもどすと、なんだかぼやけて見えた。[67]

＊＊＊

それは、ぼやけて見えていた……。

＊＊＊

［解説］

本と体の交わるところ《インターフェイス》
——本書の遊び方

山本貴光（文筆家・ゲーム作家）

いいかいワトスン、君はたしかに見てはいる。でも観察はしない。
見るのと観察するのとでは大ちがいなんだ。
——コナン・ドイル「ボヘミアの醜聞」※1

文字の発明以来、人類はじつにさまざまな道具や環境で文字を読み書きしてきた。例えば、古代メソポタミア文明の粘土板に刻まれた楔形文字から数えても、コンピュータとネットを駆使する現代までざっと五千年。人類全体で見れば、私たちは読み書きのちょっとしたヴェテランだ。また、いまほど盛んに人がものを読んだり書いたりする時代もないだろう。

それだけに「本を読むときに何が起きているのか」という問いは、ことさらなんということのないものに見えるかもしれない。だって書かれている文を見て、その意味を理解できたりできなかったりするだけじゃないか。それ以上何があるんだ、と。

では試しに本を読む時、自分の心身で生じていることを観察して言葉にしてみよう。実際やってみると、これがなかなかどうして難しい。そもそも意識は川の流れのように絶えず変転するし、目から入った言葉は私の中でどんな状態にあるのか、我が事ながら覚束ない……。依然として未解明の謎なのだ。
『本を読むときに何が起きているのか』——本書はまさにこの魅力的な難問、本を読むすべての人に関わる謎に迫ろうとする実験室《ラボラトリ》であり、驚異の部屋《ヴンダーカンマー》であり、不思議の国《ワンダーランド》である。

①
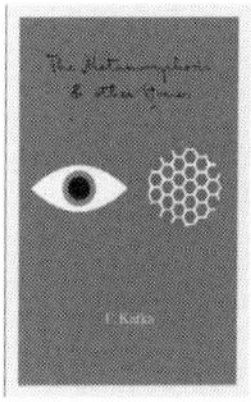

②

③

④

⑤

①Franz Kafka, *The Metamorphosis: And Other Stories* (Schocken)
②James Joyce, *Ulysses* (Vintage Books)
③Vladimir Nabokov, *King, Queen, Knave* (Vintage Books)
④Thomas Bernhard, *My Prizes: An Accounting* (Knopf)
⑤Osamu Tezuka, *Dororo* (Vertical)
Designed by Peter Mendelsund

著者のピーター・メンデルサンド氏は装幀家。クノップ、パンテオンブックス、ヴァーティカルプレス（日本のマンガを多く扱う）をはじめ数々のブックデザインを手掛けている。彼の装幀は一見キャッチーで見る者の視線を捉える。それでいて見てしまったが最後、簡単には解けない謎がこちらの脳裏に送り込まれてくる。そんな企みと遊びに満ちた作品は、本書と前後して刊行された作品集 *Cover*（powerHouse Books, 2014）やウェブサイト（http://mendelsund.blogspot.jp）でもご覧いただける。

いまあなたが手にしているのは、この視覚の魔術師が、年来の謎にじっくりと向き合い、考える材料を集め、一冊の書物に仕立てたものだ。原題を *What We See When We Read*（Vintage Books, 2014）という。原書の中扉には書名の下に“A phenomenology with illustrations”（図解現象学）と添えてある。実はこれこそが、一見混沌とした本書を貫き、縫い合わせている導きの糸なのである。

「現象学」とは、世界やそこで生じていることをできるだけ先入観抜きに、経験の観点から、知覚や意識に現象することから捉えようとする考え方である。つまり本を読む時、私たちの体や心に生じている現象をとくと味わい観察してみようという次第。しかも著者は、小説を中心に図表、絵画、写真、映画、音楽、ゲームなど、多様な材料を自在に駆使する。目を楽しませるばかりか、読者の心身にさまざまな変化を起こして自ら実験・実感できるようにとの工夫である※2。ちょっと類を見ない試みだ。

さて、そういう本だけに、するっと一読して一丁上がりというわけにはいかない。そこで最後に本書を楽しむコツを少々。まずくつろごう。お茶を飲みながら、あるいはお気に入りの場所で読むのもよいと思う。次に謎を楽しむ気分が肝心。せっかちに答を求めるというよりは、著者の誘いに乗って1ページずつ、自分の場合はどうかなと試してみよう。何か発見があれば、余白に書き込んでおきたい。新たな疑問がわけば素敵だ。本書全体が教えてくれているように、ものを見る時、念頭にどんな問いを置くかによって、見えるものがおおいに変わるからだ。

もうお分かりかもしれない。このワンダーランドがどこまで楽しくなるかは、ひとえにあなたの遊び方にかかっている。というわけで、さっそく／改めて冒頭へどうぞ！

※1：「ボヘミアの醜聞」（日暮雅通訳、『詳注版シャーロック・ホームズ全集第3巻』、ちくま文庫、所収）に描かれたホームズの言葉。

※2：本書xviiページに掲げられた『トリストラム・シャンディ』の引用は、まさにこのことを示唆している。この本は、ゲームと同様、読者（プレイヤー）が積極的に参加してこそ、はじめて完成するのだ。

[引用書誌]

[i] ルートヴィヒ・ウィトゲンシュタイン『論理哲学論考』奥雅博訳、大修館書店、1975年、46頁

[ii] アガサ・クリスティ『メソポタミア殺人事件』蕗沢忠枝訳、新潮社、1986年、128頁

[iii] ローレンス・スターン『トリストラム・シャンディ』朱牟田夏雄訳、岩波文庫、1969年、182頁

[iv] ジョン・キーツ「夜鶯《やおう》によせるオード」『対訳　キーツ詩集――イギリス詩人選（10)』宮崎雄行編、岩波文庫、2005年、157頁

[1] ヴァージニア・ウルフ『灯台へ』鴻巣友季子訳（〈池澤夏樹=個人編集 世界文学全集　第2集－1〉ヴァージニア・ウルフ／ジーン・リース『灯台へ／サルガッソーの広い海』所収、鴻巣友季子／小沢瑞穂訳、河出書房新社、2009年、23頁）

[2] 前掲書、68頁

[3] 前掲書、同上

[4] ウィリアム・ジェームズ『心理学』今田寛訳、岩波文庫、1992年、224頁

[5] レフ・トルストイ『アンナ・カレーニナ』〈上〉中村融訳、岩波文庫、1989年、116頁

[6] 前掲書、194頁

[7] ハーマン・メルヴィル『白鯨』阿部知二訳、河出書房新社、1980年、15頁

[8] ジュリアン・バーンズ『フロベールの鸚鵡』斎藤昌三訳、白水社、1989年、112頁

[9] ヴァージニア・ウルフ『灯台へ』、6頁

[10] イタロ・カルヴィーノ『冬の夜ひとりの旅人が』脇功訳、松籟社、1981年、11頁

[11] チャールズ・ディケンズ『荒涼館』田辺洋子訳、あぽろん社、2007年、15-16頁

[12] フョードル・ドストエフスキー『カラマーゾフの兄弟』原卓也訳、新潮文庫、1978年、496-497頁

[13] M・メルロ＝ポンティ『知覚の現象学』中島盛夫訳、法政大学出版局、1982年、688頁

[14] ジェイムズ・ジョイス『ユリシーズ I』丸谷才一、永川玲二、高松雄一訳、集英社、1996年、15頁

[15] 前掲書、16頁

[16] ジョン・スタインベック『たのしい木曜日』清水汜、小林宏行、中村喜代市訳（〈スタインベック全集　第9巻〉『キャナリー・ロウ／たのしい木曜日』所収)、大阪教育図書、1996年、213-214頁）

[17] シャーロット・ブロンテ『ジェーン・エア』〈上〉大久保康雄訳、新潮社、1953年、67-68頁

[18] ウラジミール・ナボコフ『ナボコフの文学講義』〈上〉野島秀勝訳、河出文庫、2013年、288頁

[19] 前掲書、289頁

[20] 前掲書、305頁

[21] マーク・トウェイン『ハックルベリ・フィンの冒険』大久保博訳、角川書店、1999年、199-200頁

[22] イタロ・カルヴィーノ『見えない都市』米川良夫訳、河出書房新社、2003年、47-48頁

[23] 前掲書、152-153頁

[24] ジャン・ジオノ『喜びは永遠に残る』山本省訳、河出書房新社、2001年、219頁

[25] マルセル・プルーストによる序文「読書について」(プルースト＝ラスキン『胡麻と百合』所収）吉田城訳、筑摩書房、1990年、16頁

[26] ルートヴィヒ・ウィトゲンシュタイン『哲学探究』〈ウィトゲンシュタイン全集　第8巻〉藤本隆志訳、大修館書店、1976年、239頁

[27] グスタフ・ヤノーホ『カフカとの対話　手記と追想』吉田仙太郎訳、みすず書房、2012年、56頁
[28] ヘンリー・ジェイムズ『「ニューヨーク版」序文集』多田敏男訳、関西大学出版部、1990年、361頁
[29] ルートヴィヒ・ウィトゲンシュタイン『哲学的文法』〈ウィトゲンシュタイン全集　第3巻〉山本信訳、大修館書店、1975年、253頁
[30] マルセル・プルーストによる序文「読書について」、22-23頁
[31] 前掲書、同上
[32] ロラン・バルト「作者の死」(『物語の構造分析』所収) 花輪光訳、みすず書房、1985年、87頁
[33] 前掲書、89頁
[34] H・P・ラヴクラフト『彼方より』〈ラヴクラフト全集4〉大瀧啓裕訳、東京創元社、2013年、107頁
[35] H・P・ラヴクラフト『闇に囁くもの』〈定本ラヴクラフト全集5〉矢野浩三郎監訳、国書刊行会、1985年、42頁
[36]『シャーロット・ブロンテ書簡全集／註解』〈中巻〉中岡洋、芦澤久江編訳、彩流社、2009年、881頁
[37] ワーズワース「水仙」(〈世界の詩37〉『ワーズワース詩集』所収) 前川俊一訳、彌生書房、1966年、138-139頁
[38] 前掲書、同上
[39] ロラン・バルト「対物《オブジェクティフ》的文学」(『〈ロラン・バルト全集5〉『批評をめぐる試み』所収)、吉村和明訳、みすず書房、2005年、55頁
[40] アラン・ロブ=グリエ『消しゴム』中条省平訳、光文社、2013年、256頁
[41] アラン・ロブ=グリエ『新しい小説のために』平岡篤頼訳、新潮社、1979年、22頁
[42] ドストエフスキー『罪と罰』工藤精一郎訳、新潮文庫、1992年、196-197頁
[43] ケネス・グレアム『たのしい川べ』〈岩波世界児童文学全集4〉石井桃子訳、岩波書店、1994年、13-14頁
[44] イーディス・ウォートン『歓喜の家』佐々木みよ子、山口ヨシ子訳、荒地出版社、1995年、8頁
[45] アレキサンダー・ポープ『批評論』矢本貞幹訳、研究社出版、1967年、27頁
[46] アーロン・コープランド『作曲家から聴衆へ――音楽入門』塚谷晃弘訳、音楽之友社、1965年、18頁
[47] ジュリアン・ジェインズ『神々の沈黙――意識の誕生と文明の興亡』柴田裕之訳、紀伊國屋書店、2005年、218頁
[48] マルセル・プルーストによる序文「読書について」、16頁
[49] フランツ・カフカ『アメリカ』中井正文訳、角川書店、1972年、57頁
[50] ホルヘ・ルイス・ボルヘス『エル・アレフ』木村榮一訳、平凡社、2005年、19-20頁
[51] ルイ・アラゴン『パリの農夫』佐藤朔訳、思潮社、1988年、27-28頁
[52]「ダンテ…ブルーノ・ヴィーコ・ジョイス」川口喬一訳 (『ジョイス論／プルースト論――ベケット詩・評論集』所収) 川口康也、片山昇、川口喬一、楜澤雅子、岩崎力、安藤信也訳、白水社、1996年、106頁
[53] ソポクレス『オイディプス王』藤沢令夫訳、岩波書店、1967年、37-39頁
[54] ヴァージニア・ウルフ『灯台へ』、12頁
[55]『旧約聖書』エゼキエル書、第1章4節
[56]『新約聖書』ヨハネの黙示録、第4章12-14節
[57] ジェフリー・チョーサー「百鳥の集い」(『チョーサーの夢物語詩』所収) 塩見知之訳、高

文堂出版社、1981年、239頁
[58] ウィリアム・ブレイク「えんとつそうじ」(『ブレイク全著作』所収) 梅津濟美訳、名古屋大学出版会、1989年、206頁
[59] トマス・ド・クインシー『阿片常用者の告白』田部重治訳、岩波文庫、1937年、106頁
[60] ウィリアム・シェイクスピア『マクベス』木下順二訳、岩波文庫、1997年、43頁
[61] ドストエフスキー『白痴』〈上〉米川正夫訳、岩波文庫、1994年、437頁
[62] ジェイムズ・ジョイス『ユリシーズI』
[63] ゲーテ『色彩論』の英語版訳注。日本語版には該当部分がないため本書訳者による訳
[64] ヴァージニア・ウルフ『灯台へ』、68-69頁
[65] 前掲書、206頁
[66] 前掲書、248頁
[67] 前掲書、266-267頁
[68] レフ・トルストイ『アンナ・カレーニナ』工藤精一郎訳、集英社、1973年、649頁

[図版クレジット]

レーヴィンは、明るい照明を受けて額縁から浮き出してきそうなこの肖像に、じっと見入ったまま、どうしても目をはなすことができなかった。（中略）黒い髪を波打たせ、肩と腕をあらわにし、やわらかいうぶ毛におおわれた唇にその思わしげな軽い笑みをたたえて、心をかきみだすような目で、勝ち誇ったようにやさしく彼を見つめている、この魅惑的な女性は、もはや絵ではなく、生きた美女だった。彼女が生きていないとすれば、それはただ、これほどの美しさが、生きている人間にはありえないからだった。

——『アンナ・カレーニナ』[68]

●著者

ピーター・メンデルサンド　Peter Mendelsund

ブックデザイナー。アメリカの老舗名門出版社、アルフレッド・A・クノッフ社のアート・ディレクター。クラシック・ピアノもたしなむが現在は休業中。彼のデザインは『ウォール・ストリート・ジャーナル』紙で「現代の小説の分野において、一目で誰によるデザインかが分かる、もっとも特徴的で象徴的なカバーデザイン」と評されている。本書『What We See When We Read』は、彼の作家としての初めての著書となる。ニューヨーク在住。

●訳者

細谷由依子　ほそやゆいこ

出版・映像翻訳者。ファッション誌『zyappu』(光琳社出版)編集部勤務中より数多くのインタビュー通訳、翻訳を手掛け、2000年以降はフリーランスとして出版翻訳、映像制作・翻訳に携わる。主な翻訳歴に『ポップカルチャーA to Z』(グラフィック社)、『アンディ・ウォーホル　50年代イラストブック』(ゴリーガブックス)、『色と意味の本』(フィルムアート社)などの書籍や、ドキュメンタリー映画『躍る旅人　能楽師・津村禮次郎の肖像』、『Landscapes with a Corpse』、アニメーションや映像芸術作品の字幕翻訳など多数。

本を読むときに何が起きているのか

ことばとビジュアルの間、目と頭の間

2015年6月30日　初版発行
2021年7月30日　第四刷

著・デザイン　ピーター・メンデルサンド

訳　細谷由依子

日本語版デザイン　折田 烈(餅屋デザイン)

発行者　上原哲郎
発行所　株式会社フィルムアート社
〒150-0022
東京都渋谷区恵比寿南1丁目20番6号 第21荒井ビル
TEL 03-5725-2001
FAX 03-5725-2626
http://www.filmart.co.jp
印刷・製本　シナノ印刷株式会社

ISBN978-4-8459-1452-4　C0090